Gerhard Rohlfs

Von Tripolis nach Alexandrien

Gerhard Rohlfs

Von Tripolis nach Alexandrien

ISBN/EAN: 9783743622265

Hergestellt in Europa, USA, Kanada, Australien, Japan

Cover: Foto ©Andreas Hilbeck / pixelio.de

Weitere Bücher finden Sie auf **www.hansebooks.com**

...in der **Jupiter-Ammon's Oase** im Jahre 1863 gefundene Münzen

Von
Tripolis nach Alexandrien.

Beschreibung

der im Auftrage Sr. Majestät des Königs von Preussen
in den Jahren 1868 und 1869 ausgeführten Reise

von

Gerhard Rohlfs.

Mit einer Photographie, zwei Karten, vier Lithographien
und vier Tabellen.

Zweiter Band.

Bremen, 1871.
Verlag von J. Kühtmann's Buchhandlung.
U. L. Fr. Kirchhof 4.

Barca.

Wie die Alten schon über die Grenzen der Cyrenaica uneins waren, da weder im West noch Süden bestimmte Marken gezogen waren, im Ost aber bald nach
Ptolemaeus der Chers. mag., nach Plinius und Strabo der
Catabathmos als Grenze angenommen wurde; so auch
noch heute. Die Araber, diese guten Geographen, rechnen zu Barca, denn so nennen sie, was die Alten und
wir mit Cyrenaica bezeichnen, das Land, was von dem
Meere im Norden und Westen einerseits, im Süden vom
Fareg und der Wüste, im Osten von Akabat el kebir
andererseits, umringt wird. Fast ähnliche Grenzen nehmen die Türken an, nur dass sie die weit nach Süden
zu gelegenen Oasen Audjila und Djalo ebenfalls mit zu
Barca zählen.

Wir beschäftigen uns hier nur mit dem eigentlichen
Plateau von Barca, welches eine längliche von Westen
nach Osten gezogene Gestalt hat. Ungefähr von gleicher
Grösse wie die Insel Sardinien fällt dasselbe nach Nordwest und Norden zu schroff ins Meer, ebenso der schmale

Ostrand nach dem Golfe von Bomba zu, im Süden und im Südwesten sind sanfte Uebergänge zur See, und mittelst der Steppe zur Wüste. Das eigentliche Hochland besteht durchaus aus Kalkstein, der dick mit röthlichem Humus belegt ist. An den Schluchten, wo dieser Kalkstein aus feinen oft mikroscopischen Muscheln gebildet zu Tage liegt, bemerkt man häufige natürliche Höhlen und Stalactitengrotten, ebenso findet man auf dem Plateau selbst noch Petrefacten, Cardien, Pertiniten und Ostreen. Der Boden selbst ist äusserst fruchtbar, Theophrast lobt schon die leichte, durch trockne und reine Luft, belebte Erde. Und in der Neuzeit sagt unser grösster deutscher Geograph, Carl Ritter: „In der That ist es auffallend, dass dieses Land von Europäern unbesetzt, unbesucht blieb, ja selbst erst von neuem entdeckt werden musste, nachdem Phönizier, Carthager, Griechen, Aegypter, Römer dort schon einheimisch gewesen waren.

„Eine europäische Colonie, die sich auf dieser Berginsel ansiedelte, würde durch die gefährliche Syrte im Westen, durch die Steilküste im Westen und die Wüste Sahara im Süden gegen jeden Feind gesichert sein etc. etc.“

Ein anderer ausgezeichneter Geograph, Conrad Mannert, sagt von Cyrenaica: „Warum hat sich die gesegnete Gegend so ganz aus dem Blicke des Europäers verloren? Warum ist noch nie der Versuch zu einer neuen für eine Seemacht nicht schweren Ansiedlung ge-

macht worden, welche zugleich den Weg nach den inneren Gegenden von Afrika bahnen würde?"

Es ist allerdings bemerkenswerth, dass dies Kleinod
des mittelländischen Meeres sich der Aufmerksamkeit
der Europäer so lange entzogen hat. Wären wir nicht
von vornherein gegen staatliche Colonisation, so würden
wir Oesterreich oder Italien zurufen, erwerbt dies Land
und lenkt dort neue Auswanderung hin. In der schmalen Ebene von Bengasi und Tokra bleibt die Boden-
beschaffenheit die nämliche, im Süden aber geht allmälig der röthliche Humus in weisslichen Sandboden
über, daher auch die Eingebornen nach dieser äusser-
lichen Farbe Barka el hamra von Barca el beida unterscheiden. Es scheint nicht, dass Cyrenaica je Schätze
des Mineralreiches besessen hätte, denn wenn die Alten
Gold, Silber und edle Steine anführen, als Handels-
gegenstände, so kamen die sicher aus dem Süden. Ammonisches Salz wird auch oft als ein Product der Cyrenaica angeführt; nicht dies ist es aber heute mehr, wohl
aber Salz, welches das Land selbst producirt[1]), und das
heute aus den Salzseen bei Bengasi gewonnen wird. Im
Alterthum hebt Sinesius noch eine weisse Kreide hervor,
die bei Paraetonium gewonnen zu Cement benutzt wurde.

[1]) Octbr 1869 lagen aus den Salzseen gewonnen noch 6,000,000
Oka Salz zum Verladen in Bengasi bereit, ausserdem von Carcora
gewonnenen; und jährlich gehen nach der Levante durchschnittlich
von dieser Stadt gegen 5,000,000 Oka. Mittheilungen von Chapman
esq., brit. Consul in Bengasi.

1*

Glücklich der Art gelegen, dass Cyrenaica zur grösseren Hälfte vom Meere bespült wird, während der Uebergang zur Wüste nur allmälig mittelst Steppe erfolgt, ist es reichlich mit Pflanzenwuchs gesegnet. Aber trotzdem hat es nur geringe und periodische Wasserläufe, es ist dies eben dadurch bedingt, dass die Hauptabdachungen nach Norden die kürzere, nach Süden die längere, eben beide zu schmal sind, um die Bildung grosser Thäler und Flüsse zu erlauben. Da der höchste Kamm nicht in der Mitte, sondern mehr nach Norden zu, von Osten nach Westen das Land durchzieht, so sind die von ihm entspringenden Thäler, Schluchten und Rinnsäle, kürzer, aber auch, weil sie häufiger und grössere Quantitäten Wasser schwemmen, tiefer und zerrissener. Es liegt dies in der Natur der Sache, da eben die Nordseite des Plateaus bedeutend mehr Feuchtigkeit bekommt, als die längere Südseite.

Buchten an der eigentlichen Insel Cyrenaica sind nur vorhanden nach dem Osten zu. Die Busen von Bomba und Tokra sind aber auch ganz ausgezeichnet. In Bomba konnte 1808 der französische Admiral Gantheames sich vor dem verfolgenden britischen Admiral Lord Collingwood zurückziehen, und entging hiedurch der Gefangennahme. Die übrigen Häfen, welche die Alten benutzten, als Apollonia, Ptolemais, Dernis, Berenice, sind heutzutage ganz unbrauchbar, doch liesse sich

das alte Berenice mit leichter Mühe wieder zu einem
guten Hafen herrichten.

Was Bomba und Tokra anbetrifft, so unternahm Ali
Riza Pascha von Tripolis Anfang 1869 einen neuen
Colonisationsversuch, es scheint aber, dass seine Bemühungen gescheitert sind, obgleich die in türkischen Zei-
tungen veröffentlichten Berichte Anfangs sehr günstig
lauteten. Wassermangel und ungenügende Sicherheit des
Eigenthums werden wohl Hauptgrund beim Scheitern
dieser neuen Besiedlung gewesen sein.

Aeusserst üppig ist die Pflanzenwelt vertreten, von
der wir hier nur einen allgemeinen [1]) Ueberblick geben.
Wie die Alten schon verschiedene Pflanzenregionen in
Cyrenaica unterschieden, uns sogar erzählen, dass man
mehrere Ernten abhalten könne, zuerst in der Ebene,
dann auf den Abhängen, endlich auf der Hochebene
selbst, so auch noch heute. Und wenn Homer die
lachende und reiche Fruchtbarkeit des Landes, wenn
Pindar die Cyrenaica die Fruchttragende, den Garten
des Jupiter und der Venus nennt, wenn Diodor die Cyrenaica den fruchtbarsten Boden schlechtweg heisst, wenn
Arrian das Land als krautreich und gut bewässert schildert, wenn Scylax uns die verschiedenen Obstsorten auf-
führt, so ist eben nichts Uebertriebenes darin, wie wir

---

[1]) Die mitgebrachten Pflanzen werden durch eine besondere
Broschüre von Dr. Ascherson beschrieben werden.

es bei den Alten erwähnt finden, eben so reich. so üppig. so ergiebig ist heute noch die Pflanzenwelt.

In der That glaubt man, sobald man sich aus der Stadt Bengasi entfernt und im Anfange der Küste folgend, ins Innere begiebt, fortwährend in einem lachenden Garten zu sein. Die üppigsten Blumenwiesen werden durchschnitten und der Fernblick ist überall gehemmt durch Lentisken und Myrtengebüsch. Und steigt man die Berge hinauf, sind Rosmarin und Wachholder, grosse Büsche der einfachen weissen Rose da, um heimathliche Erinnerungen wach zu rufen, während an den feuchten Schluchten der rothblühende Oleander und Lorbeerbüsche, die südeuropäischen Länder vertreten. Und diese ist denn auch die eigentliche Vegetation: Dr. Ascherson fand aus den mitgebrachten Pflanzen die grösste Uebereinstimmung mit denen, welche er durch eigne Anschauung auf den Inseln des Mittelmeeres kennen gelernt hatte.

An grossen Bäumen, welche besonders auf dem Plateau und in den nach Norden zu gehenden Thälern vorkommen, nennen wir die kleinblättrige immergrüne Eiche, die oft 150' hohe Cypresse, die Thuya und den Wachholderbaum. Verwildert kommt hier ebenfalls vor der Oelbaum, Feigenbaum, Johannisbrodbaum, Birnbaum; Weinreben aber sind uns nirgends mehr aufgestossen, obschon im Alterthume Wein nebst Oel Hauptausfuhr-Artikel war nach Sicilien und Griechenland. Und wie im Alterthume Cyrce ihre Grotte mit dem wohlriechen-

den Thyon räucherte, so ist auch heute noch ein leiser
Rauch eines Wachholderfeuers nicht unangenehm, im
Gegentheil, oft erschienen unsere Gräber, die wir mit
trocknem Wachholderholz erleuchteten und wärmten, wie
parfümirt. Aus diesem Holze wurden wahrscheinlich auch
jene bei den Alten so berühmten wohlduftenden Möbeln
verfertigt, von denen die Thyaden oder Trinktische besonders beliebt waren. Auch die aus Cyrenaica kommenden Rosenwasser und andere starkriechende Pflanzen-
producte waren zur Blüthezeit viel gesucht, und um
Essenzen herzustellen, brauchte man auch heute nur
die Hand auszustrecken, wohlriechende, starkduftende
Blumen sind überall. Geranien, Violen, Artemisien etc.
schwängern zur Blüthezeit die Luft mit ihren Düften.

Wild findet man an geniessbaren Pflanzen überall und zwar in ausgezeichneter Güte die Artischocke
und Trüffel, letztere wird von Plinius schon unter dem
Namen Misy erwähnt. Das von den Alten als ein von
den Bäumen hängendes wohlriechendes Obst, spagnus,
weiss ich nicht zu erklären.

Was aber vor Allem den Reichthum der Colonie
ausmachte, war das Sylphium, eine Pflanze, von der wir
auf den alten cyrenäischen Münzen recht gute Bilder
haben. Auch finden wir derselben bei einer Menge der
alten Schriftsteller erwähnt, zum Theil beschrieben. Alle

Reisenden nun von della Cella [1]) an, Beechey, Pacho, Barth etc. etc., haben diese Pflanze in der heute von den Eingebornen genannten Drias (bot: thapsia garganica genannt) wiedererkennen wollen. Zu della Cellas Zeit nannten ihn die Landesbewohner, dieselbe Pflanze, Coinon. Und es lässt sich nicht leugnen, dass die Pflanze mit den Abbildungen Aehnlichkeit zeigt, wenn es auch kein Gleichniss ist; aber nicht nur Aehnlichkeit mit den Münzbildern zeigt dieselbe, sondern, wie wir gleich sehen werden, mit vielen Eigenschaften, welche wir von derselben bei den Alten erwähnt finden.

In neuerer Zeit nun ist Dr. Schroff in Wien [2]) dagegen aufgetreten, dieser, indem er die Eigenschaften der Thapsia garganica nicht mit den von den Alten erwähnten, vereinbar hält; dann Ørsted [3]), welcher hauptsächlich Drias nicht für das alte Sylphium erkennen will, weil ihm die Münzbilder nicht für diese Pflanze zutreffend sind. Professor Ørsted vindicirt Narthex asa foetida, als das alte Silphium, glaubend, dass die Eigenschaften dieser Ambilifore am meisten mit dem Silphium und den Bildern der Münzen übereinstimmen.

---

[1]) Die Schriften le Maire's, der Cyrenaica noch vor della Cella besuchte, sind mir nicht zur Hand.

[2]) Zeitschrift der Gesellschaft der Aerzte von Wien. 1. Theil. 1862.

[3]) En Bidrag til Tydning af den i Oldtiden under Navn af Silfion meget anvendte og høit skattede, men senere forsvundene Kryderplante, af Prof. Dr. A. S. Ørsted, Kjøbenhavn, 1869.

Nach Theophrast entstand, natürlich konnte solche Wunderpflanze nur durch ein Wunder entstehen, 430 v. R. das Silphium nach einem Pechregen, derselbe beschreibt die Wurzel als dick, fleischig, den Stengel dem des Fenchel ähnlich, die Samenkörner als breit und geflügelt, ähnlich, wie die von Phyllis; dies alles fanden wir bei der heutigen Drias-Pflanze auch, und auch der Standort, den er für die Pflanze angiebt, stimmt: „Die Umgegend der Hesperiden-Gärten." Nach Plinius war die Rinde der Wurzel schwarz, länger als eine Elle; wo sie aus dem Boden kam, war eine Tuberosität, welche eingeschnitten einen milchigen Saft gab, die Samenkörner sind glatt, und fallen leicht mit den gelb vertrockneten Blättern, sobald die erste Jahreszeit vorüber ist, ab; auf der Pflanze selbst bemerkt man auch Tuberositäten. Plinius verlegt den Standort des Silphium ebenfalls in die Umgegend der hesperidischen Gärten. Nach ihm wurde der Stengel gegessen, nachdem man ihn gekocht hatte, er constatirt ferner die schädliche Wirkung aufs Vieh, die Ziegen und Schafe waren sehr begierig danach, die Ziegen fingen an zu niesen, die Schafe zu schlafen. Zu seiner Zeit war die Pflanze schon fast ganz verschwunden, so dass Nero eine einzige Pflanze als ein grosses Geschenk angeboten wurde. Wir sehen, dass auch die Beschreibung von Plinius vollkommen passt.

Von anderen Autoren verlegen Herodot und Scylax den Standort der Pflanze in die ganze Küsten-

gegend von Pontapolitanien, von der Insel Plataea bis
zum Anfange der grossen Syrte, Catull bei Cyrene,
Strabo und Ptolemaeus mitten in die Wüste, südlich von Cyrene. Arrian endlich sagt, sie sei über den
ganzen fruchtbaren Boden Cyrenaicas bis zum Saume der
Wüste verbreitet. Nach 'diesem Schriftsteller wurden
Ziegen und Schafe eingepfercht, um sie vor dem Silphium
zu bewahren.

Sobald die Provinz römisch wurde, fing die Pflanze
an zu verschwinden, jedoch 100 Jahre nach der Regierung Roms berichtet Plautus noch von reichlichen
Ernten, Strabo fand sie ebenfalls noch vor, Plinius
fand das Silphium schon spärlich und Synesius berichtet als etwas Ausserordentliches von einer im Garten seines Bruders gezogenen Pflanze. Die Ursache des
Verschwindens der Pflanze wird von den Alten verschieden angegeben, nach Solin war es, um sich von den
hohen Taxen zu befreien, denen das Silphium unterworfen war, Strabo führt die Ausrottung auf die ein-
dringenden Barbaren zurück. Höchst wahrscheinlich
wirkten beide Ursachen, um die Pflanze so schnell
schwinden zu 'machen, denn die mit Kameelen eindrin-
genden Lybier hatten natürlich ein Interesse daran,
diese den Kameelen den Tod bringende Pflanze auszu-
rotten.

Bei den Römern stand das Silphium oder Laser-
pitium im gleichen Werthe mit Silber; hauptsächlich

wurde der aus dem Stempel der Pflanze Thysias ge-
wonnene Saft, oder der aus der Wurzel mittelst Ein-
schnitte hervorquellende succus, Caulias genannt, als
Arznei benutzt. Man verarbeitete beide mit Kleie; und
dies dann bis zu dicker Consistenz eingekocht, wurde
so über die ganze civilisirte Welt verschickt. Beide
Posten werden auch unter dem Namen „Thränen der
Cyrenaica" ohne Unterschied genannt. Die Römer ver-
wahrten das Silphium in ihrem öffentlichen Schatze.
Julius Caesar fand 1500 römische Pfunde vor.

Die heutige Drias-Pflanze, Thap. garg., zeigt sowohl mit den Münzabbildungen, als mit den eben erwähnten die grösste Aehnlichkeit, nur möchte ich die
Frage aufwerfen, warum gerade die Thapsia garganica
von Cyrenaica sich von den anderen unterscheidet.
Und doch muss ein Unterschied da sein. In Algerien,
in Marokko fällt es keinem Eingebornen ein, sein Kameel mit Maulkörben zu versehen, sobald er es in die
mit Thapsia garganica bestandenen Gegenden treibt,
während in Cyrenaica die Pflanze, sobald sie trocken
ist, sehr gefürchtet wird. Auch schreibt man dort der
Pflanze keine besonderen medicinischen Eigenschaften
zu, während die Bewohner von Barca noch heute die
Drias-Pflanze, wie die Alten das Silphium als ein Uni-
versalmittel betrachten. Da muss denn doch wohl ein
Unterschied zwischen der Thapsia garganica von Cyrenaica und den übrigen bestehen, der den Botanikern

bis jetzt entgangen ist. Auch mir gelang es nur, Stengel und Blätter der Drias-Pflanze mitzubringen, die Blüthezeit war noch nicht angegangen, als ich in Cyrenaica war. Heinzmann, der die Thapsia garganica medicinisch untersuchte, fand, dass die Wurzel ein werthvolles Heilmittel sei, äusserlich bei unreinen Geschwüren sowohl der Menschen als Thiere gebraucht. Die Tinctur der Rinde der Wurzel auf gesunde Hauttheile gebracht, erregt meist anhaltendes Jucken, zuletzt Pusteln ohne grosse Entzündung. Auf eine offene Wunde gebracht, wird kein Brennen und Jucken gefühlt. Innerlich 6—8 Gran genommen, wird Schwindel, Ohrensausen, Ideenconfusion, grosses Gefühl von Schwäche mit lange andauernden schweren Schweissen beobachtet. Wiederholte, von ihm in Europa angestellte Versuche, stellten die Thapsia garganica als ein drastisches Reinigungsmittel hin. Theophrastus, Dioscoridas und Plinius sprechen von ganz gleichen und ähnlichen Wirkungen. Was uns anbetrifft, so bleiben wir also dabei und sagen, dass die in Cyrenaica wachsende Thapsia garganica oder Drias das alte Silphium ist.

Diese, wie wir so eben gesehen haben, so sehr pflanzenreiche Insel ist äusserst thieram. Fast wäre man versucht anzunehmen, dass das nekropolenartige des ganzen Landes. denn wie Cyrenaica sich heute dem Besucher zeigt, kann man es als Eine grosse Todtenstadt bezeichnen, auch Einfluss auf die Leben suchenden

Thiere gehabt habe. In den Küstenstrichen finden sich
zwar ziemlich viel wilde Thiere, als Hasen, Kaninchen,
Gazellen und die Vierfüssler, welche im Allgemeinen
am Nordrande von Afrika gefunden werden, aber in ge-
ringerem Maasse als in Tunis, Algerien und dem so
wildreichen Marokko. Ausser der Hyäne und dem Scha-
kal sind reissende Thiere gar nicht vorhanden. Wild-
schweine finden sich in den Schluchten der Hochebene,
aber auch in geringer Zahl. Ueberall stösst man aber
auf den Maulwurf, dessen Spuren man sogar weit nach
Süden in der Ebene verfolgen kann. Die Vogelwelt ist
ebenfalls sparsam und durch keine besonderen Arten
vertreten. Schlangen und Scorpionen, Eidechsen und
anderes Gewürm sind dieselben, wie die auf dem Nordabhange des Atlas, in den südlichen Ebenen ist die
Hornviper häufig. An den steilen Felsparthien des Hoch-
landes haben zahlreiche Bienenschwärme in den Höhlun-
gen ihre Nester angelegt, und wie im Alterthum bildet
denn auch noch heute der Honig ein Hauptproduct des
Landes. Ein von Süden kommendes Thier, die Heu-
schrecke, bildet auch in der Jetztzeit noch oft die
grosse Landplage der Bewohner. Die meist so berühmten Pferde der Cyrenaica sind sehr heruntergekommen,
was Form und Schönheit anbetrifft, Dauerhaftigkeit,
Gelehrigkeit und Kraft ist ihnen aber auch jetzt noch
eigen. Hauptreichthum der Bewohner machen die Rin-

der. Schafe [1]) und Ziegenheerden aus. von denen nach
Malta hin exportirt werden, Esel und Maulthiere hat
man nur zum eigenen Bedarf und sie sind nicht besser,
als die in den berberischen Staaten. Die südlichen
Ebenen haben vorzügliche Kameelzüchtereien, von denen
auch nach Egypten hin exportirt werden.

Die Bewohner des Landes sind nomadisirende Araber.
Jedenfalls sind Spuren der griechischen, ptolemäischen
und römischen Herrschaft nirgends zu erkennen, wie
denn auch nach Vernichtung dieser Herrschaften ihre
eigentlichen Unterthanen, Griechen und Römer mit vernichtet wurden oder auswanderten. Die dann ein-
dringenden libyschen Völker sind von den Arabern ab-
sorbirt worden, wenigstens ist heute nichts mehr vom
Libyerthum zu bemerken, die alles nivellisirende mo-
hammedanische Religion hat zwischen Berbern und
Arabern, die ohnedies äusserlich sich so nahe stehen,
jeden Unterschied aufgehoben. Der heutige Bewohner
Cyrenaicas, der nur arabisch spricht (Mischmasch von
maghrebinisch und ägyptisch), ist mittlerer Grösse, mager,
hat ein längliches Gesicht, in der Jugend mit vollen
Backen, fallen sie im Alter sehr ein und die Backenknochen treten stark hervor, stechende schwarze Augen
von buschigen Brauen überwölbt, eine starkgebogene,
lange Nase, verhältnissmässig grosser Mund und spitzes
Kinn sind die allgemeinsten Gesichtszüge. Der Bart

---

[1]) Fettschwanz.

ist spärlich, Haupthaar lang und schwarz. Die Frauen, welche wie überall da, wo sie eine untergeordnete Stellung zum Manne einnehmen, auch körperlich unverhältnissmässig klein sind, haben in der Jugend volle und hübsche Formen, und eben das Volle rundet denn auch die scharfen Gesichtszüge ab, die im Alter aber ebenso markirt wie beim Manne hervortreten, ohne dass die tausend Falten der Haut im Stande sind, die scharf vorspringenden Knochenparthien zu verdecken. Die Nase ist bei den Frauen mehr gerade als gebogen.

Männer und Frauen lieben es, sich mit Antimon zu zeichnen; machen allerlei bunte Figuren aufs Gesicht, Brust, Arme und Hände. Die Frauen färben auch die Unterlippe schwarz, umrändern die Augen mit Kohöl und färben die Nägel roth. Ihre Kleidung ist die der übrigen nomadisirenden Völker Nordafrikas und keine Frau, mit Ausnahme der Städterinnen, geht verschleiert. In der übrigen Lebensweise ist auch kein Unterschied, Basina, diese Gerstenpolenta, mit stark gepfefferter Sauce bildet ebenfalls das Nationalgericht. Auch hier haben die Nomaden gar keinen Fortschritt gemacht, wie zur Zeit der Rebecca geht noch heute das Weib mit dem Kruge zum Brunnen, um Wasser zu schöpfen, wie zur Zeit Abrahams pflügt der Mann noch mit demselben Pfluge, ohne dass er sich Mühe gegeben hätte, einen besseren kennen zu lernen. Auf dem Boden hockend essen heute noch alle mit den Fingern aus Einer Schüssel, wie

Jesus Christus mit seinen Jüngern. Etwas haben die Snussi indess für gute Sitte durch strengere Beobachtungen der mohammedanischen Vorschriften gesorgt. Früher z. B. war es bei einigen Stämmen Sitte, dass ein verheiratheter Mann einem Fremden seine Frau anbot, heute würde man vergeblich in ganz Cyrenaica eine Tribus suchen, wo eine solche Unsitte herrschte. Aber Lesen und Schreiben ist nirgends bekannt, wie denn überhaupt auf dem Lande nirgends eine Medressa oder Schule besteht, und auch die Sauya, welche die Snussi angelegt haben, keine Schulen unterhalten.

Nach ziemlich sicheren Abschätzungen, vom französischen Consulate in Bengasi mitgetheilt, stellen die Gesammtstümme von der grossen Syrte an gerechnet (Mündung des Fareg) bis zur ägyptischen Grenze 72,000 bewaffnete Fussgänger und 3500 Cavaliere, danach könnte man die Gesammtbevölkerung von Cyrenaica auf circa 302,000 Einwohner anschlagen. Hiervon bilden die Auergehr den bedeutendsten Stamm, ihre verschiedenen Sippen stellen mehr als 10,000 Fussgänger und fast 1000 Reiter, die Brassa zählen mit 3500 Fussgänger und 500 Cavalieren, die Abidat mit 5890 Fussgänger und 350 Reiter, die ailet[1] Ali 4600 Fussgänger und 225 Reiter, die Sauya 2100 Fussgänger, 75 Reiter etc.

---

[1] In Cyrenaica setzen die Araber nicht „beni“ oder „uled“ vor ihre Sippen, sondern „ailet“, was gleichbedeutend ist, nur noch mehr den Begriff „Familie“ ausdrückt.

Nach den neuesten Nachrichten[1]) ist von der türkischen Regierung die Landschaft Barca als von Tripolis unabhängig in eine Mutasarcfia von Bengasi umgewandelt worden, und hat folgende Kaimmakamliks als
Unterprovinzen: 1) Djalo und Audjila, 2) Mytarba oder
Adjedabia, 3) Kaimmakamlik der Auergehr, 4) Merdj,
5) Gaigab, 6) Derna und 7) Bengasi selbst. Höchst
wahrscheinlich ist dies aber ein Irrthum, und sind die
aufgeführten Städte- und Ortsnamen nicht Kaimmakamliks, sondern Mudirats, da diese sonst keineswegs, was
Grösse und Bevölkerung anbetrifft, einem anderen türkischen Kaimmakamlik entsprechen. Wenn deshalb Cyrenaica jetzt direct von Constantinopel regiert wird,
nicht wie bis Herbst 1869 von Tripolis, so dürfte doch,
wenn auch die Unterabtheilung die richtige ist, die
Bezeichnung als Kaimmakamlik für dieselbe zu bezweifeln sein.

Ueber Bengasi, welches wir beschrieben haben, über
das Gebiet der Auergehr, deren Schich keinen festen Sitz
hat, sondern der häufig bei Tokra, häufig auf den Hoch-
ebenen sein Zelt aufschlägt, über Audjila, Gaigab und
Adjedabia[2]), welche ebenfalls beschrieben wurden, haben
wir hier weiter nichts hinzuzufügen.

Was Merdj anbetrifft, in südwestlicher Richtung
circa 6 Stunden von Tolmetta (Ptolemais) auf dem Hoch-

---

[1]) Englischer Consulatsbericht von Bengasi, 29. October 1869.
[2]) S. die Nrn. des Ausland, Adjedabia noch unedirt, ebenso Gaigab.

plateau gelegen, so ist darüber gar kein Zweifel heute, dass dieser Ort das alte Barca ist. Gegründet wurde diese Stadt von den Libyern; als die Griechen nach Cyrene kamen, fanden sie Barce schon fertig. Die Barcaei standen bei den Griechen besonders im Rufe von ausgezeichneten Pferdebändigern und Wagenlenkern. Als in Cyrene selbst Zwistigkeiten unter den Griechen ausbrachen, zog ein Theil nach Barce, und von dieser Zeit an tritt diese Stadt als selbstständig und unabhängig in die Reihe der Städte der Pentopolitania. Das alte Ptolemais selbst wird ursprünglich nur als „Hafen" von Barce genannt, bis unter der Herrschaft der Ptolemäer dieser Hafenort die eigentliche Bevölkerung von Barce aufnimmt, und diese Stadt aus der Geschichte verschwindet. Der Name Barca, den die Araber heute auf das ganze Land ausdehnen, kommt aber zweifelsohne von Barce, dem heutigen Merdj her, obgleich die Eingeborenen behaupten, diesen Ausdruck deshalb dem Lande zu geben, weil das ganze Gebiet ein „Barca" d. h. „Segen" sei.

Derna endlich, am nordöstlichsten in Barca gelegen, ist das alte Darnis. Ausser Bengasi ist dies die einzige Stadt. Ungefähr mit 1500 Einwohnern wird von hier ein ziemlich lebhafter Handel mit Malta und Creta getrieben, die Engländer unterhalten hier sogar ein Viceconsulat. Im französischen Kriege gegen Aegypten versuchte General Gantheaume hier eine Landung, jedoch

ohne Erfolg. Auch Nordamerika war später eine Zeitlang in Besitz von Derna, gab aber den Ort seines
schlechten Hafens wegen, oder vielmehr weil ein solcher
gar nicht vorhanden ist, wieder auf. Derna ist von
den ausgezeichnetsten Gärten umgeben: alle Producte
und Früchte, die am Mittelmeere überhaupt vorkommen,
liefert die Umgegend in Hülle und Fülle.

Von Cyrene über Bengasi nach Audjila.

Es war ein entsetzliches Wetter, als wir in der
Todtenstadt unser Grab, die Knissieh, verliessen und
dann durch die Battus-Strasse die Stadt hinaufzogen und
dieser Lebewohl sagten. Wind und kalter Regen strit-
ten darum wer siegen sollte, da aber der Kampf aufs
höchste erbittert, immer unentschieden blieb, so hatten
wir am meisten davon zu leiden. Sobald wir aus der
Umfassungsmauer heraus waren, verfolgten wir einen alten
Weg, der in südwestlicher Richtung lief, auch hie und
da tief eingeschnittene Spuren der alten Fahrzeuge zeigte,
und wie alle auf die Hauptstadt zugehenden Wege rechts
und links mit Gräben eingefasst war. Die Gegend
war einförmig und einsam, obschon keineswegs der Vegetation entbehrend, und überall zeigte sich fetter rother

2*

Thonboden. Ueber 2000' hoch war die Kälte sehr empfindlich, und das monotone Plateau wurde nur ein Mal, eine Stunde von Cyrene entfernt, von einem Uadi dem Isnait-Thale, welches von S.-O. nach N.-W. streicht, unterbrochen. Nach drei Stunden erreichten wir Safsaf, wo eine der grossartigsten Cysternen die Aufmerksamkeit des Reisenden in Anspruch nimmt. Höchst wahrscheinlich sammelten diese Cysternen, welche das Wasser einer ganzen Niederung aufnehmen, den Regen für Cyrene selbst, da die um die Cysterne liegenden Ruinen nur unbedeutend sind, also so grossartiger Reservoirs nicht bedurften. Wahrscheinlich existirte in alten Zeiten eine Wasserleitung, um das Wasser nach der Stadt zu führen.

Die überdeckten Bogen der Cysterne gewährten nur auf einige Augenblicke Schutz gegen den Regen, zudem drohten die höchsten Punkte in dem Wasserbehälter auch überschwemmt zu werden. Wir beschlossen daher so rasch wie möglich nach dem circa eine Stunde südwestlich davon gelegenen Gasr Gaigab zu gehen, wo wir auf Schutz gegen das immer mehr rasende Wetter hoffen durften. Dem Aduli war dies doppelt lieb, da er dort ganz in der Nähe seine Zelte hatte, er also auf diese Art nach Hause kam.

Ehe wir das Castell Gaigab, worin eine türkische Compagnie lag, erreichten, schickte ich einen Diener voraus, um mich anzumelden und um ein Zimmer bitten zu lassen. Und alsbald kam trotz des Regens der Commandant des Forts uns entgegen, und zwar barfüssig, da er sagte, er habe keine Schuhe oder Stiefeln und seine Pantoffeln seien dem Schmutze nicht gewachsen. Wie sich später herausstellte, hatte er sein Schuhzeug versetzt, um Schnaps kaufen zu können. Aber warum hatte der türkische Kriegsminister ihn und die übrigen Truppen auch monatelang ohne Gage gelassen. Unter vielen Complimenten führte der Hauptmann-Commandant, ein kleiner dicker Mann, uns ins Fort, die Thorwache trat ins Gewehr und „Has dur, bsalam dur" [1]) rief der Wachcommandant, und freute sich wie ein kleines Kind, mal Gelegenheit zu haben, seine Künste produciren zu können. Von den Soldaten waren auch einige ohne Schuhe, einige sogar um ihre Beine, sans culottes, nicht zu zeigen, hatten den langen Mantel an.

Alsbald wurden wir dann in ein grosses Zimmer gebracht und ein tüchtiges Kohlenfeuer rief bald unsere halb erstarrten Glieder ins Leben, auch eine Tasse guten Kaffees war schon bereit, kurz der Hauptmann war ausser sich vor Freude, in seiner Einsamkeit so unerwartet Gäste bekommen zu haben.

Das Gasr Gaigab selbst, in gerader Linie nur drei Stunden S.-S.-O. von Cyrene gelegen, ist ein regelmässiges Viereck mit vier Eckthürmen, welche das Fort flankiren. Jede Seite der äusseren Mauer ist circa 1000′

---

[1]) Schultert, präsentirt.

lang und dieselben sind 25' hoch. Im Innern sind an die 3—4' dicken Mauern zugleich die Baulichkeiten, Casernement, Officierzimmer, Küche, Arsenal und Magazine; das Fort hat für eine Besatzung von 200 Mann immer Proviant auf 1 Jahr, auch ist hinlänglich Pulver und Kugeln vorhanden. Gegen die bloss mit schlechten Steinschloss bewaffneten Beduinen bietet es also hinlänglich Schutz. Auf den vier Eckthürmen stehen zudem je eine mächtige Kanone, wahrscheinlich von einem an der Küste früher ein Mal gestrandeten Schiffe genommen, denn das englische Wappen ist darauf, die Jahreszahl ist aber schon abgerostet und ob dieselben überhaupt noch sehr tüchtig sind, möchte ich sehr bezweifeln.

Wir waren bald heimisch eingerichtet und Abends hatte ich die Ehre mit dem Hauptmann zu speisen, gegen die Sitte der vornehmen Türken waren keine Messer und Gabel vorhanden, jedoch Teller; um nicht unangenehm zu berühren, legte auch ich mein Besteck, das mein Diener mir hingelegt hatte, wieder weg, um nach Adams Manier zu essen. Als er mir aber, um den Mund abzuwischen, sein eigenes schmutziges Taschentuch reichen wollte, dankte ich höflichst und liess mir rasch meine Serviette reichen. Die übrigen Officiere thaten Leporello-Dienste, durften aber nicht mit uns bei Tische essen. Auch erlaubte nie der Capitän, dass einer der Officiere die Gläser füllte (selbverständlich schlechter Araki) und als ich ihm im Scherze mal zurief, den Officieren doch auch ein Glas zu geben, machte er ein Gesicht, als ob er eine Ohrfeige bekommen hätte, und ängstlich die Flasche, als um sie zu schützen, in die Hand nehmend, erwiederte er, sie tränken nie. Die armen Effendi, wie gern hätten sie auch wohl ein Glas genommen, aber wenn es dem Commandant möglich war, trotz der Soldlosigkeit, sich Geld oder Credit für Araki zu erschwingen, so vermochten das die übrigen Officiere doch nicht, indess rächten sie sich nachher, denn der Hauptmann zechte so lange, bis er aus meinem Zimmer herausgetragen werden musste, und nun liessen die beiden anderen Effendi schnell den Rest der Flasche in ihre durstigen Kehlen verschwinden und stellten dann die leere Flasche an die Lagerseite des sorglos, aber laut schlafenden Commandanten.

Wie gross war aber der Schrecken des Hauptmanns, als er am andern Morgen erfuhr, ich besitze gar keinen Schnaps, er hatte nämlich bloss so stark seinem Araki zugesprochen, dann auch mir einige Gläschen grossmüthigst abgegeben, weil er hoffte, dass ich am andern Tage alles doppelt und dreifach ersetzen würde, und nun hatte er es mit einem Frangi zu thun, der nicht mal Araki mit sich führte. Doch ich tröstete ihn, indem ich versprach ihm von Bengasi aus Alcohol schicken zu wollen, den ich dort als zum Photographiren nöthig gekauft, später aber übrig gehalten und dann zurückgelassen hatte. Und sein guter Humor wurde bald ganz wieder hergestellt, als ich ihm sagte, den Tag noch bleiben zu wollen, weil Königs Geburtstag sei, und dass ich bei dieser Gelegenheit den Soldaten eine kleine Festlichkeit bereiten wolle. Zugleich bat ich, unsre norddeutsche Flagge aufs Castell hissen zu dürfen und der Hauptmann stimmte mit Freuden ein, ja, er beorderte sogleich für Mittag Parade über die ganze Truppe und Inspection der Baulichkeiten, und die Soldaten hatten wohl ihr Lebtag nie so geputzt, um die Waffen glänzend zu machen und um die neuen Uniformen, welche aus dem Magazine (wahrscheinlich hatten sie dieselben noch nie angehabt) ausgegeben wurden, in den Stand zu setzen. Zudem waren Abtheilungen beschäftigt, die Zimmer, Küche und alle Räumlichkeiten zu reinigen, kurz bald nahm alles einen festlichen Anstrich an.

Mittags wurde denn auch die Truppe, welche im Hofe des Castells aufgestellt worden war, feierlich inspicirt, der Hauptmann diesmal in Pantoffeln, aber mit Säbel und Dienstzeichen versehen. Die Soldaten sahen besser aus wie ich geglaubt hatte, alle ihre Uniformen waren neu und die Gewehre französische Minié-Büchsen. Nachdem sodann noch die Schlafzimmer waren besehen worden, die auch recht reinlich ausgefegt waren, aber weiter nichts enthielten als was jedes türkische Soldatenzimmer bietet: für jeden Mann eine Matte und einen kleinen Teppich statt eines Bettes; als endlich Küche, Vorraths-

kammern u. s. w. waren besichtigt worden, hatte die Mann-
schaft ihr Mittagsmahl einzunehmen.

Ich hatte am Morgen mehrere Ziegen kaufen und
durch die Soldaten schlachten lassen, mit Reis hatten
sie sich daraus ungeheure Pillau-Schüsseln gemacht, und
nachdem sie mit grosser Hast, wie lange hatten sie wohl
kein Fleisch gehabt, die Schüsseln geleert hatten, wurde
ihnen noch ein Kaffee en gros gegeben.

Aber die Hauptfestlichkeit ging jetzt erst an: ich
hatte ein Paar Dutzend rother Fes, Taschentücher, dann
kleine Geldsummen in Papier als Preise ausgestellt, und
hienach mussten die Soldaten Wettrennen, Sacklaufen
und Blindekuh spielen. Der Hauptmann-Commandant
theilte die Preise aus, nachdem er jedoch für seine Mühe,
und weil er selbst als Höchstcommandirender nicht mit-
laufen konnte, von jedem Preise vorweg einen für sich
genommen hatte. Im Anfange wollte es nicht recht, wo
hatte je ein türkischer Soldat Sacklaufen gelernt, oder sonstige dergleichen Spiele mitgemacht, als aber nur mal erst
einer sich einen neuen rothen Fes erobert hatte, wurden
alle so eifrig und anstellig, dass bald jeder sein Theil weg
hatte. Aber gewiss war es spasshaft anzusehen, wie die
oft fünfzig Jahre alten Soldaten (in der Türkei dient in der
Regel, wer ein Mal Militair ist, so lange wie er die Flinte
tragen kann) sich kindlich freuten, und ebenso so grosse
Freude hatten, wenn sie einen Preis bekamen, wie bei
uns die muntere Schuljugend. Gewiss werden sie nie

den Tag, den Milud des Sultans von Prussia vergessen, ihr eigener Sultan Abdul asis kümmert sich nicht an seinem Geburtstage um seine Truppen. Bis spät in die Nacht hinein tanzten und sangen die Soldaten, und der Hauptmann war so gerührt worden, dass er seine beiden Officiere, welche auch jeder einen Baschlik (circa 8 Groschen) gewonnen hatten, gegen Baarbezahlung auf ein Glas Araki einlud, kurz Alle waren befriedigt, und froh und müde legten Türken und Deutsche, welche am Tage Königs Geburtstag zusammen gefeiert hatten, da wo vielleicht einst die Siegeswagen der Battiden getummelt waren, sich sorglos zum Schlaf nieder.

Nachdem ich dann noch am andern Morgen die verschiedenen Quellen von Gaigab, von denen eine unmittelbar unter der Mauer des Forts selbst entspringt, besichtigt und gefunden hatte, dass alle Spuren antiker Bearbeitung zeigen, sagten wir unseren türkischen Freunden Lebewohl. Der Aduli blieb zurück, statt seiner kam jedoch sein ältester Sohn, um als Führer zu dienen.

Um 7½ Uhr aufbrechend, hatten wir im Allgemeinen S.-W.-R., erreichten um 8 Uhr 20 Minuten die Quelle Lali und gleich darauf den Marabut Sidi Sbah, wo ebenfalls eine Quelle ist. Um 9½ Uhr waren wir bei der Quelle Djebarah, und liessen um 10 Uhr die Sauya-Faidia etwas nördlich von uns liegen. Wir befanden uns immer auf einem grossgewellten, jedoch niedrigen Hügellande, und gerade auf der Wasserscheide des Mittel-

meeres und der Sahara. So passirten wir um 12 Uhr
20 Minuten das uadi Feria, das ins Mittelmeer und gleich
darauf das uadi Tebiabo, das in die Sahara abfliesst.
Zwischen beiden erreichten wir die grösste Höhe 909 M.,
obschon andere Berge und Hügel seitwärts vom Wege
noch 100—150 M. höher sind[1]). Die Gegend ist nicht
bewaldet, aber trotzdem nicht ganz von Bäumen ent-
blösst, und der fette rothe Boden Veranlassung zur
üppigsten Vegetation der Blumen, namentlich gedeiht
hier die Drias-Pflanze häufig und kräftig. Aber Bewohner sieht man nirgends, nur da, wo Fels zu Tage liegt,
wie überall weicher Kalkstein, mahnen die tiefeinge-
schnittenen Räderspuren der Wagen der Alten, wie stark
auch dieser höchste Kamm von Cyrenaica einst frequen-
tirt war. Die Gegend selbst wird als Weidegrund der
Brassa, eines der bedeutendsten Nomadenvölker vom heutigen Barca, genannt. Um 4 Uhr 15 Minuten schlugen
wir Lager bei einer Oertlichkeit, Namens Slautia, wo
zahlreiche Höhlen, theils natürliche, theils künstliche,
einen Sitz der alten libyschen Ureinwohner zeigen.

---

[1]) Um 12 Uhr 40 M. passirten wir uadi Ibeb nach dem Mittelmeere, dann uadi manasseh um 1 Uhr 15 M., uadi bird um 1 Uhr
20 M., beide zur Sahara gehend. Um 2 Uhr war der Marabut Sidi
Homri mit Quelle links vom Wege, und um 3 Uhr das Kasr Abayan
¹/₂ St. östlich vom Wege, um 3 Uhr 40 M. der Berg Djilmana, ¹/₂ St.
westlich vom Wege.

Am folgenden Tag hielten wir zuerst südlich, dann
südwestlich und zuletzt ganz westlich[1]). Die Gegend
ist sehr waldig, namentlich stark mit Wachholder bestanden, die Abdachung geht nur der Wüste zu, und
überall sieht man die Ruinen alter römischer Burgen.
Dies Land ist gleichfalls den Brassa eigen, obschon es
ganz wie ausgestorben ist. Bei dem Castell Sira el gedim
stiessen wir wieder auf zahlreiche Höhlen libyscher

---

[1]) Aufbruch 6³/₄ Uhr in 200° R., um 7¹/₂ uadi Shihr, nach
der Wüste gehend, um 8 Uhr u. Smelah, gleichfalls nach der Wüste,
um 8¹/₄ das alte römische Castell Sirah und von diesem aus auf
1¹/₂ St. Entfernung das alte Castell Meschedeschi in S.-O.-Richtung
gepeilt. Von Sirah jetzt in S.-W.-Richtung weiter, und um 9 Uhr
das uadi Dorr, das in die Wüste geht und auf 2 St. Entfernung im
N.-W. das römische Castell Sehadeh. Um 9¹/₂ die Ruinen vom
römischen Fort Siral el qedim, um 9³/₄ das uadi Djaf und das uadi
Ibgehl, vereinigt der Sahara zufliessend; 11 Uhr 20 M. das uadi
megad, welches auch in die Sahara geht. Von hier an in W.-Rich-
tung weiter bei den Sheniet Chalil vorbei und mit dem uadi Schirb
fortgehend, der in das uadi Farat übergeht, von der Hochebene
herab nach 3 St. in Maraua. Am folgenden Tage Aufbr. 5³/₄ Uhr
in S.-W.-Richtung, um 7 Uhr 240° R. Um 9 Uhr den von Nord
nach Süd fliessenden uadi Gedede und die Richtung nun 250°. Von
9 Uhr 20 M. S.-W. Richtung, 9 Uhr 40 M. der nach Teknis führende
Weg geschnitten und nun im uadi messamer, das in die Wüste geht.
Um 10 Uhr das alte Castell Bu Rhassil eine St. südl. vom Wege.
Um 11 Uhr auf einen Höhenzug, der von N.-W. nach S.-O. streicht
und Schad ben Medja Wald heisst, auf diesem die Ruine Gasr Tolun,
¹/₂ St. nördl. vom Wege. Um 11¹/₂ Uhr das nach S. fliessende uadi
mdud. Nach ³/₄ St. Aufenthalt um 12¹/₂ im uadi Rinfaid in W.-Rich-
tung weiter, und um 1³/₄ Uhr den nach S. fliessenden uadi Stiksfara
passirt. Um 2¹/₂ W.-Richtung und um 3 Uhr 10 M. den in die
Sahara fliessenden uadi Schabl n Bet passirt, um 4 Uhr die Spitze
des uadi Erköb und um 4¹/₄ in Djerdes campirt.

Troglodyten, und Nachmittags um 2 Uhr erreichten wir
den scharf prononcirten Abfall des Hochplateaus, und
gelangten mittelst des uadi Farat in die grosse Ebene
el Chiē. Die Drias hört nun auf, wie überhaupt hier
eine ganz andere Vegetation auftritt, namentlich ist es
die Schih (artemisia), die uns hier zum ersten Male
entgegentritt, und an die nahe Wüste erinnert. Wir
campirten Nachmittags in einem Kessel, Namens Maraua,
wo auch Felshöhlen der alten Libyer zahlreich vorhanden sind. Sehr eigenthümlich sind manchmal Reste
von Mauern, welche ein Thal quer durchschneiden, dann
wieder grosse viereckige Mauerreste, welche aber keine
Wohnungen gewesen zu sein scheinen, vielmehr wohl
dazu dienten, um Nachts das Vieh aufzunehmen als
Schutz gegen die wilden Thiere. Wasser findet sich
auf der ganzen Strecke von Sirah nach Maraua nicht.

Bei Maraua hat die el Chiē-Ebene eine Tiefe von
508 M., sie ist einförmig, aber äusserst fruchtbar und
die zahlreichen Ruinen der alten Castells deuten auf
ehemalige starke Bevölkerung. In der Mitte, wo die
Chiē-Ebene von einem nach Süden strömenden uadi
Gedede unterbrochen wird, hat sie 450 Meter, nach
Westen kommt man dann auf den Höhenzug, der
Schad ben Medja genannt wird und gut mit Wachholder
bestanden ist. Von hier an gehört das Land den uled
Abid, und das nun vor einem aufsteigende Gebirge führt
auch den Namen djebel Abid. Es ist mit Wachholder

und Thuya so reichlich bewachsen, wie die schönsten
Districte der Cyrenaica und wetteifert an Fruchtbarkeit
mit der duftenden el Chiē-Ebene. Aber auch hier sieht
man keine Einwohner, nur selten mal eine Heerde, und
selbst Wild scheint zu fehlen. Erst bei den Brunnen-
löchern von Djerdes, die wieder 640 Meter hoch liegen,
stösst man auf Abid-Triben und gut angebaute Felder.
Auch finden sich hier Höhlen alter libyscher Stämme.

Obschon die Abid zu den berüchtigsten Räubern
der Cyrenaica gehören, so kamen wir doch gut mit
ihnen aus, zudem waren wir sehr auf unserer Hut. Als
wir bei Djerdes lagerten, sank morgens das Thermometer vor Sonnenaufgang auf — 2°.

Die Gegend blieb am folgenden Tage[1] im Anfange
im Gebirge gleich gut bewaldet und später in der Ebelerhar-Ebene, fanden wir diese bedeutend krautreicher

---

[1] Um 6³/₄ Aufbr. von Djerdes in S.-W.-Richtung; gleich darauf
passirten wir das nach S.-O. streichende Medjrah-Thal und mit dem
von einem Knotenpunkte kommenden Benia-Thal S.-W. weitergehend,
erreichten wir 8³/₄ die Wasserlöcher von Benia. Dicht am Wege,
im N.-W. von uns, ist hier die römische Ruine Gasr Djebela. Nun
heisst das Benia-Thal hier Gardab, wir durchzogen es westlich haltend, während uadi Gardab nach N.-W. umbiegt; um 10¹/₂ übersteigen
wir eine von Süden kommende Gebirgszunge und kamen dann ins uadi
Tolhan, welches ebenfalls nach N.-W. gehend, sich mit uadi Gardab
zum uadi Djedj vereinigt und dann in den Birsia bei Tokra ins Meer
fällt. Durchs uadi Bu Simmeh S.-W. vom Gab kommend, hatten wir
11¹/₂ die Ebelerhar-Ebene vor uns, durchschnitten in dieser den
nach N.-W. ziehenden uadi Selitmitnan um 12³/₄ und lagerten, den Gasr
Ebelerhar um 2 Uhr S.-O. vom Wege dicht liegen lassend, um 5 Uhr
bei den Biar-Wasserlöchern.

als die Chiē-Ebene. Abends lagerten wir bei den Wasser-
löchern von Biar (Pl. von Bir-Brunnen) und fanden dort
herum zahlreiche Freg der Auergehr, überhaupt war den
ganzen Tag hindurch die Gegend nicht nur reicher an
Vegetation, sondern auch besser bevölkert. Die Auergehr bekümmerten sich so wenig um uns, wie wir um
sie, in der Nähe eines kleinen Marabuts schlugen wir
Zelte. Die Brunnenlöcher von Biar liegen 320 Meter hoch.

Nachts wurde einem meiner Neger sein Geld, welches derselbe in sein Schnupftuch gebunden hatte, ge-
stohlen. Da es nur einer der anderen Diener genommen
haben konnte, so liess ich alle auskleiden, ohne dass wir
etwas entdecken konnten, auch schwuren alle die gräss-
lichsten Eide, in Gegenwart des Grabes des Marabut
und beim Haupte Mohammeds und Sidi Snussis. Und
vor allen Dingen zeichnete sich ein ehemaliger öster-
reichischer Kavass von Tripolis, Herr Hammed Bim-
baschi, aus, laut rufend, sein Vater und er solle ewig
brennen, wenn er das Geld habe. Aber schon zwei
Tage später fand sich das Geld bei ihm vor, er hatte
sich in Bengasi durch Einkäufe verrathen, und musste
dann in Folge davon Bekanntschaft mit dem türkischen
Gefängniss machen. Als ich später Bengasi verliess, bekam er seine Freiheit wieder, Meineid und Diebstahl,
namentlich gegen einen eben erst freigewordenen Sklaven
begangen, werden in diesen Ländern nicht sonderlich
beachtet.

Den letzten Tag blieben wir von Biar noch 3 Stunden in S.-W.-R. in dieser krautreichen Ebene, und kamen dann an das eine Stunde breite Gebirge, welches nur 100 Meter hoch den Rand der Ebene, der ersten Terrasse bildet. Mittelst des Fuhm el Fedj, eines Engpasses, stiegen wir dann in die Meeresebene hinab, vorbei bei dem vulcanartig aussehenden Berg Basina (Name einer Mehlspeise, die puddingförmig aufgetischt wird) und erreichten von hier an nach 4 Stunden in reiner westlicher Richtung Bengasi. Die Ebene hier ist nicht sehr fruchtbar, der Fels liegt fast überall zu Tage. Dass aber die röthliche Erde einst dicker gelegen hat, beweisen die überaus zahlreichen Ruinen von Dörfern, Häusern und Gehöften, und trotz der heutigen Unfruchtbarkeit dieser Ebene ist es höchst wahrscheinlich, dass diese Fläche einst die berühmten Gärten der Hesperiden bildete.

Wir hatten in Bengasi einen fünftägigen Aufenthalt, welcher indess auch sehr nöthig war, um uns neu zu organisiren und auszurüsten. Bis auf meinen deutschen Diener Wetzel aus Bamberg und dem freigelassenen Neger Bu-Bekr trat eine vollkommene Veränderung im Personal ein. Den Photograph aus Berlin sah ich mich genöthigt nun wirklich fortzuschicken, ich hatte ihn in Tripolis schon einmal entlassen, mich aber dennoch bewegen lassen ihn wieder zu nehmen, aber in den letzten Tagen in Cyrene benahm er sich sich so unumgänglich, dass ich diese Gelegenheit seiner los zu werden, nicht versäumte. Der österreichische Cavas Hammed wurde eingesperrt, noch andere verliessen den Dienst. Dafür machte ich dann aber die werthvolle Acquisition des alten ehemaligen Dieners Mohammed Staui, der sich dicht bei Bengasi als Landmiether niedergelassen hatte. Den alten geizigen Staui hätte ich nur in Cyrenaica selbst haben sollen, sein Geiz wäre mir dort gut zu Statten gekommen gegen die unverschämten Prellereien des Aduli, gegen die Diebereien des Cavassen und der anderen Diener, welche es so weit trieben, dass sie unter der Hand eines Tages einen ganzen Schlauch Butter verkauft hatten. Dann bekam ich noch einen anderen weggelaufenen Neger, ich glaube Ali rief man ihn, einen wahren Goldjungen. Aus Sella her seinem Herrn entsprungen, hatte er mit diesem Räuberhandwerk getrieben, und die weitesten Streifzüge, südlich bis Tragen und Wau, östlich bis zum Ammonium nach dem Norden zu bis zur Küste an der Syrte gemacht. In dieser ganzen weiten Strecke kannte er Schritt und Tritt. Bei einer Beutevertheilung hatte er sich mit seinem alten Herrn entzweit, war nach Bengasi aufs englische Consulat geflüchtet, wo ich ihn vorfand und in meine Dienste nahm. Er war jetzt von glühender Begier für Freiheit erfasst, wollte Skendria und Masser [1] kennen lernen, und wie konnte er es besser durchführen, als wenn er mich begleitete. Wir

[1] Alexandria und Cairo.

wurden denn auch bald handelseinig, und er war jedenfalls der nützlichste aller Diener, in Packen und Be-
handlung der Kameele war er unübertrefflich, sogar
besser als der Gatroner, da er ein junger Bursche von
25 Jahren war. Dabei hatte er das heiterste Gemüth
von der Welt, fortwährend singend, unterliess er diese
Beschäftigung nur um zu plaudern und zu necken, oder
allenfalls um mit dem in Amerika zum halben Zweifler
gewordenen Staui einen religiösen Discurs anzufangen,
der gemeiniglich mit Stauis Niederlage endete, worauf
dieser sich dann verächtlich zu uns wandte: „nigger great
donkey." Ali hatte aber eine verhältnissmässig gute
religiöse Erziehung gehabt, er war sogar eine Zeitlang
in der berühmten Sauya Sarabub, dem Hauptorte der
Snussi, gewesen.

Wir waren natürlich wieder in Bengasi auf dem
englischen Consulate, und mit den Einkäufen verging
rasch die Zeit. Namentlich musste eine grosse Zahl von
Schläuchen gekauft werden, wir brauchten derer nicht
weniger als 12, endlich andere Provision, Mehl, Zwie-
back, Oel, Butter, Datteln, Zucker, Kaffee und Thee,
auch in Fett eingekochtes Fleisch, Stockfische u. dgl.
wurde eingekauft.

Am 3. April Morgens 10 Uhr verliessen wir dann
die Stadt in Begleitung des englischen und französischen Consuls. Das Wetter war trübe, so dass wir die
Berge nicht sehen konnten, unsere Richtung war 160°.

Bald stiess dann noch ein Reiter zu Kameel zu uns, ein Diener des Mudirs von Audjila, der die Gelegenheit benutzen wollte, in Karawane zurückzukehren. Er erwies sich später äusserst nützlich, da er des Weges sehr kundig war, was ich von dem eigens gemietheten halbblinden Führer Hammcd Uadjili nicht sagen konnte.

Schon nach 2¹/₂ Stunden durch fruchtbares Land dahin reitend, machten wir beim Brunnen Choëbea Halt, verzehrten gemeinschaftlich ein Frühstück, tranken eine letzte Flasche Wein, eine letzte Flasche Ale, und unsere freundlichen Begleiter kehrten nach Bengasi zurück, während wir südwärts den Weg weiter zogen. Derselbe bleibt einförmig, obschon der Boden fruchtbar ist, zum Theil cultivirt wird, zum Theil krautreiche, zu dieser Jahreszeit von Blumen bunte Wiesengründe hat, Freg sind nur spärlich vorhanden. Wir setzten nur noch 2 Stunden den Weg so fort und lagerten inmitten eines weiten Ruinenfeldes unter dem Schutze eines kleinen Castells. Es scheinen hier mehr ländliche, weit zerstreut liegende Wohnungen gewesen zu sein, als bestimmte Orte, wenigstens finden wir in so unmittelbarer Nähe von Berenice keinen erwähnt. Das Castell, recht gut erhalten, aber klein, diente zum Schutze der Landbewohner und speciell hier noch wohl zum Schutze der Küste.

Am folgenden Tage brachen wir früh auf und hielten 150° R. Auch an dem Tage war die Gegend über aus ruinenreich, und auch hier traten alle Augenblicke grosse Einhegungen von Steinen entgegen, von denen manchmal aber nur noch die unterste Steinreihe erhalten ist. Der Boden bleibt ein gleich fruchtbarer röthlicher Humus, ist überall bis zu den Bergen gleich culturfähig, sehr krautreich aber wenig mit Buschwerk bestanden. Die Berge sind sichtbar, aber je weiter man nach Süden kommt, je mehr zieht sich das Ufer des Hochplateaus nach Südosten zurück. Die Gegend ist hier besser bevölkert, denn irgendwo in Cyrenaica, meist sind es Freg der Mschitat und Auergehr, welche rechts und links vom Wege aufgeschlagen sind. Eigenthümlich wie die Alten genau die Oertlichkeit erkannt haben müssen, wo sie Wasser zu finden glaubten. Denn ein blosser Zufall liess sie wohl nicht jene Kalkplatten durchbohren um dann nach 25—30′ und oft noch tiefer auf Wasser, zu stossen. Und dass sie von den Alten angelegt worden sind, geht aus der ganzen Construction derselben hervor, warum aber gruben sie nicht an anderen Stellen nach Wasser? wahrscheinlich weil sie aus Erfahrung wussten, dass unter Kalkfelsen am ersten Wasser zu finden sei. Wir lagerten Abends in der Nähe von zahlreichen Freg, ohne indess mit den Insassen in Berührung zu treten [1]). Auch am folgenden Tage [2]) hat

---

[1]) An dem Tage Aufbruch um 6³/₄ Uhr in 150° Richtung. Um 7 Uhr 10 M. Ruinen von Mabruka, 8 Uhr Ruinen und Brunnen Bu-Drissa, 9¹/₄ rechts vom Wege Massafa Brunnen und Ruinen;

die Gegend noch denselben fruchtbaren aber wenig bebauten Charakter, die Freg werden südlich von den ailet
Feres bewohnt und gegen Abend, wo wir der Syrte so
nahe sind, dass wir die Brandung derselben hörten, lagerten wir zwischen Schih- und Halfa-Vegetation, waren
also bis zum Uebergange der Wüste gekommen.

Je weiter man nach Süden kommt[1]), je spärlicher
wird die Vegetation und Bevölkerung, fast nur Halfa und
Schih zeigen sich noch, alle Brunnen haben noch denselben Bautypus, d. h. sind nicht in das Erdreich getrieben, sondern da, wo Kalkfelsen zu Tage liegt, hindurch gebohrt. Beim bir Schimmach nun rechnen die
Araber die Grenze von Barca el hamra, dem rothen
Cyrenaica und was von hier an südlich liegt, heissen

---

11 Brunnen Ktiuë, hier ½ St. Aufenthalt und jetzt gerade S. R.
12½ Uhr Brunnen Ktet, 12¾ Ruinen von Batat, 1½ Brunnen
Ktet el tani und gleich darauf Grab des Marabut Kellani, 3 Uhr
1 St. östlich vom Wege der Snussi Sauya Tilimon, um 6 Uhr Lager.

[2]) Am 5. April Aufbruch 6½ Uhr in 160° R. 8¼ kobóret
oder Gräber links am Wege, 9½ Gasr el Hussein, 1 St. rechts vom
Wege, 10 Uhr Gasr magrún 1 St. rechts vom Wege, 11½—12½
Ruhe, 1 Uhr bir Simmach, 1¼ rechts vom Wege ¼ St. Komon-
Hügel, 2½ links am Wege gasr Scheban und Schebibi und rechts
nach S.-W. 3 St. entfernt Gasr. Adams, 5½ Lager bei Oertlichkeit Djelil.

[1]) Am 6. April Aufbruch 6½ Uhr in 160° R. 7½ die Kubba
Sid Hammed ben Thaib rechts dicht am Wege, um 8 Uhr rechts
am Meere ca. 2 St. entfernt der Brunnen Ledjra, um 9 Uhr Gasr
Dababia am Meere, um 10 Uhr Sidi Sultan Brunnen am Meere, um
11 Uhr links am Wege Gasr el Debah, um 11½ der Brunnen Milha,
Pause hier bis 12¾, um 1 Uhr Brunnen Morsiffa, um 4 Uhr Sidi
Faradji, um 5 Uhr Lager bei Oertlichkeit Ferssi.

sie Barca el beida, das weisse Cyrenaica. Hauptsäch-
liches Unterscheidungszeichen bildet der Boden selbst,
denn nördlich vom Brunnen ist röthlicher Humus, südlich davon weisslicher Sandboden.

Auch jetzt hatten wir immer mit schlechtem Wetter[1]) zu kämpfen, heisse Stunden wechselten mit kalten
und stürmischen und namentlich waren die Nächte rauh.
In Schadábia verweilten wir einen Tag. Es ist hier die
grösste Ruine zwischen Bengasi und Audjila, und das
Fort noch recht gut erhalten. Wie alle von viereckiger
Form, und mit flankirenden Thürmen versehen, besteht
der Bau aus grossen Quadern, durch Fels getriebene
Brunnen mit ausgezeichnetem Wasser (es ist dies das
letzte süsse bis zur Ammonsoase) sind ganz in der Nähe.
Ich glaube man kann in Schadábia das alte Automalax[2])
erblicken, wenigstens stimmen Oertlichkeit und Entfernung
von Berenice. Es ist dies nach Süden zu der letzte bewohnte Ort, und heute eine berühmte Sauya der Mádani,
deren Chef Mohammed el Mádani in Mesurata begraben
liegt. Wie diese Brüderschaft eine der tolerantesten ist,
so zeigte sich auch der Vorsteher von Schadábia äusserst
liebenswürdig und ohne fanatischen Dünkel. Er warnte

---

[1]) Am 7. April Aufbruch in 160° R. und nach 3 St. bei Gๅsr
Schadábia. Die drei Districte südlich von Hussein heissen Fadé a,
Ferssi und Shiuf.

[2]) Αὐτομάλαξ φροὑνιον war die südöstlichste Grenzfeste der
Bewohner Cyrenaica's.

wiederholt (auf Beurmann hinweisend, der indess gar
nichts mit den Snussi zu thun gehabt hat) vor den Snussi,
vor den Bewohnern von Audjila und Siuah, meinte aber,
hier solle ich nur ruhig campiren, da wo eine Sauya der
Mádani ·sei, habe Niemand etwas zu fürchten. Aber
trotzdem und trotz seiner guten Rathschläge, unterliess
ich es doch nicht Nachts Wachen auszustellen und den
Thieren überdies wie immer ihre Eisen anlegen zu lassen.
Mein armer Esel war nun fast reitunfähig geworden, die
heissen Winde hatten ihn vom Esel auf den Hund gebracht.

Von Schadábia aus, legten wir am 8. April die ersten
zwei Stunden südlich zu West zurück bis zur merkwürdigen Burg Henéa[1]). Offenbar ist dies weder ein grie-
chisches noch römisches Bauwerk, sondern libyschen
Ursprungs. Zu ebener Erde gelegen, ist diese Burg der
Art angelegt (ähnlich wie die monolithischen Kirchen
von Lalibala in Abessinien), dass man zum Graben derselben den Fels ausgehoben hat, und den als einzigen
Block inwendig stehen gebliebenen Felsen zur Burg ver-
arbeitet hatte. Die contreescarpirten Wände des tiefen
20′ breiten Grabens haben Gänge und Kasematten,
sämmtlich wie neu und ausgezeichnet erhalten. Unterirdisch stehen diese mit der Block-Burg zusammen.
Diese enthält vollkommen gute erhaltene Abtheilungen.
Alles aus einem Steine gehauen, durchwandelt man lange

---

[1]) Es ist dies wohl della Cella's Aduchni.

breite Gänge, mit Krippen ebenfalls aus Stein, Beweis, dass in dieser eigenthümlichen Burg sogar Pferde waren, andere kleine Zimmer und grosse Säle münden auf die Gänge. Nur ein einziger sanft ablaufender Zugang führt, die Contreescarpe durchschneidend, in den Graben, die Hauptöffnung des Blocks befindet sich aber auf der entgegengesetzten Seite der Burg. Die ganze Contreescarpe, die unterirdisch, wie gesagt, mit dem Block communicirt, konnte den Graben durch Felslöcher vertheidigen. Gewiss eins der bemerkenswerthesten Baudenkmäler alter Fortification.

Von hier an gingen wir selben Tages noch fünf Stunden S.-S.-O. weiter, passirten nach zwei Stunden den Tafra-Brunnen, der wie alle folgenden Bitterwasser hat, liessen nach etwa einer Stunde den vereinzelten Hügel Karassa, der als Allem oder Wegweiser dient, liegen und lagerten Abends am Chor-Shofan. Die sehr schwache Bevölkerung wird von den uled Schich und den Schibli gebildet. Die Vegetation hört fast ganz auf, in der That hatten wir mit Chor-Shofan die Grenze des Mittelmeer-Niederschlags erreicht, der Floh hört auf der beständige Begleiter des Menschen zu sein. Wie mit Zauber ist er verschwunden, heute wird man noch von ihn gequält, morgen hat er uns verlassen. Die Araber sagten zwar, anderes Ungeziefer würde auch das Weite suchen, aber ich wusste aus langer Erfahrung, dass die noch lästigeren Collegen des Floh die Wüste, den Simum, die trockne Hitze nicht scheuen. Im Gegentheil! Vom Chor-Shofan fängt dann nun auch die Sahara an.

Auch am folgenden Tage hielten wir S.-S.-O.-R., und um 6 Uhr Morgens aufbrechend, brachte uns der Allem (Wegweiser) el Dürr auf den vom Brunnen Alaya kommenden Weg. Und eine Stunde Frühstücksrast abgerechnet, durchschritten wir um 2 Uhr den ued Fareg. Es ist dies eigentlich kein Thal oder Flussbett, sondern eine von Westen nach Osten streichende Einsenkung ohne Abdachung. Nach Westen geht die Fareg-Einsenkung drei Tagemärsche weit bis zum Ras el ain el kebrit, und zwei Tagemärsche vom Punkt, wo wir Fareg passirten nach Osten; da wo wir die Einsenkung passirten, liegt der Brunnen Besseria[1]). Das südliche Ufer vom Fareg heisst Diffa el uadi (Gastmahl des Thales) und eine Menge Steinhaufen, Bu-Sfar genannt, sind zum Andenken für die errichtet, welche sich dem Gebrauche hier ein Extraessen zu geben, entzogen. Solche Steinhaufen, welche Gräber vorstellen sollen, findet man an gewissen Stellen in der ganzen Sahara. An solchen Stellen muss nämlich ein des Weges zum e r s t e n Male durchziehender, seinen Cameraden, welche die Reise schon gemacht haben, einen Extraschmaus geben, thut

---

[1]) Brunnen im Fareg von Westen nach Osten: 1) Ain kibrit, 2) Djafar, 3) Ssebat Bu Hamra, 4) Ssalemo, 5) Bel klebat, 6) Buttofal, 7) Tagsilt, 8) Busseria, 9) Ain Naga, 11) Bel Aissar, 12) Delemia, 13) Schagria, 14) Adjelan, 15) Bei Dafun, 16) B e s s e r i a, 17) Okadia, 18) Chasm el kübsch, 19) Shauono.

er es nicht, so errichtet man ihm einen Steinhaufen, ein
Grab, zum Zeichen seines Geizes. Da nun aber solche
Stellen sehr häufig vorkommen, so hatte ich ein für alle-
mal die Gewohnheit mich begraben zu lassen und legte
zuerst gewöhnlich den Stein; ausser unserem Führer, dem
Diener des Mudir von Audjila und meinem Neger Bu-
Bekr, hatte Niemand von uns den Weg zurückgelegt,
wir liessen uns also alle begraben, wie auch später noch
öfter. Gleich hinter Fareg fängt eine Sserir an, Namens
Thuil (die lange), dort lagerten wir fünf Uhr Abends.

Am 10. April erreichten wir in südsüdöstlicher Richtung nach einem sechsstündigen Marsche über die Sserir
Thuil die grosse von Westen kommende Einsenkung des
Bir Ressam. Wo diese im Westen ihren Anfang nimmt,
war von meinen Leuten nicht zu ermitteln, vielleicht geht
sie bis dicht an die Syrte, vielleicht nach Ain kibrit,
und ist somit im Zusammenhange mit Fareg. Der Brunnen selbst hat abscheuliches Wasser, die Kameele trinken
es jedoch, einige Palmbüsche sind in der Nähe, und die
Ruinen des Gasr Shahabi deuten auf eine einstige Be-
siedelung. Die Einsenkung zeichnet sich durch zahlreiche Versteinerungen, Muscheln etc. aus, oft sieht man
ganze Bäumstämme auf dem Boden liegen, meist in Flint-
stein verwandelt. Palmen und Lentisken sind es besonders, die ehemals die Vegetation bildeten, von der jetzt
nur die steinernen Formen übrig geblieben sind. Lebende
Vegetation ist in dieser Einsenkung durch Belbel, Dom-

rahn und Rherrhek vertreten, letzteres ein Busch; der
in der Süd-Sahara unter dem Namen Suak bekannt ist.
Die Ressam-Einsenkung ist 100 Meter tiefer als das
Mittelmeer (am Brunnen des Barometer auf 772 M. M.
= — 104, nördl. Breite). Den tiefsten Punkt erreichten
wir Abends bei Gor-n-nus (am Lagerplatz ergab das
Barometer Abends 772, Morgens 773, um 9 Uhr Morgens
772, erreichte also ctrca 107 M. Tiefe). An dem Tage
hatten wir 12 Stunden zurückgelegt.

Auch am folgenden Tage behielten wir diese Richtung von früher und marschirten in der Depression weiter,
um 6 Uhr aufbrechend, sendete die Einsenkung um 7 Uhr
einen ebenso breiten Arm nach dem circa 6 Stunden
entfernten Gor Mschirk ab. Um 9 Uhr passirten wir
den ebenfalls Bitterwasser haltenden Brunnen Marak und
stiessen auf zwei grosse von Audjila kommende Sklaven-
karawanen, die nach Bengasi zogen. Das Land ausserhalb der Einsenkung ist grossgewellt, und grobkörniger
Sandboden, manchmal mit bunten Kieselchen bestreut,
und nicht ganz ohne alle Vegetation. Nachmittags 2 Uhr
bemerkten wir östlich von uns den Dj. Beddafar circa
4 Stunden entfernt. Die nach S.-O. ziehende Depression
hatten wir Mittags schon verlassen, und lagerten Abends
5 Uhr bei Gor meschtefar schirgia.

Der darauf folgende Tag, ein zwölfstündiger Marsch,
über eine durch nichts unterbrochene grossgewellte, grob-
körnige Sandebene, war der langweiligste und einför-

migste von allen, nur zweimal wird diese wüste Ebene
durch zwei Allem (Wegweiser) unterbrochen.   Unsere
Richtung war immer die gleiche, wie an den vorherigen
Tagen.   Ebenso unerquicklich war der letzte Tag, der
Führer war zudem auf dem Kameele eingeschlafen und
wir hatten eine ganze Zeitlang die Richtung verloren,
bis wir endlich durch den Stand der Sonne aufmerksam
darauf gemacht wurden.

Audjila und Djalo.

Es war gegen Abend des elften Tages, als wir die
Oase erreichten.   Schon einige Stunden vorher hatten
wir wie eine schwarze Linie am Horizont die hohen Palmen derselben erblickt, ûnd die Kameele, welche seit
Bir-Ressam nicht getrunken hatten, beschleunigten den
Marsch, sobald sie die Palmen hatten auftauchen gesehen.   Je näher wir kamen, desto schöner wurde der
Anblick; links vor uns, wo bedeutende Sebcha sich aus-
dehnten, spiegelten sich die Palmen als wie auf einer
Silberfläche, davor schlug die Luft grosse Wellen, so dass
man oft ein bewegtes Meer zu sehen glaubte.   Dann
kamen wir an den röthlich-braunen Sebcha, der, von
der untergehenden Sonne beleuchtet, einen eigenthümlichen Contrast mit der weissen Sandfläche davor, mit

den grünen Palmen dahinter bildete. So hat auch die
Wüste ihre Schönheit, und in solchem Augenblick konnte
ich es begreifen, wenn St. John, als er von der Wüste
Abschied nahm, sein Buch mit den Worten schloss:

> „Oh! that the desert were my dwelling-place
> with one fair spirit for my minister!"

Den ganzen Tag abwechselnd zu Kameel und Esel,
war ich abgesprungen, sobald wir den Sebcha erreicht
hatten, durch den nur ein schmaler Pfad sich hinschlän-
gelt, während rechts und links Salzmoräste liegen, mit
einer dünnen Kruste bedeckt. Es war also die grösste
Vorsicht nöthig, um die Kameele hindurchzuführen, denn
ein beladenes Kameel wäre bei einem Seitentritt gleich
versunken. Alle kamen gut durch, nur der alte Esel,
der von weitem einige Ya seiner Brüder vernommen
hatte, Musik, welche für seine langen Ohren verlockend
sein musste, wollte in seiner Ungeduld vom Wege ab,
aber schon beim ersten Schritt sass er fest. Nur mit
Mühe konnten ihn die Leute wieder flott kriegen, aber
herausgezogen, ging er dann geduldig und nachdenkend
hinter der langen Colonne von Kameelen einher.

Es war schon ganz dunkel, als wir den eigentlichen
Palmwald erreichten, nachdem wir schon eine Zeitlang
zwischen Had (Cornulaca monacantha Delile), Belbel
(Anabasis articulata) und Domran (Traganum nudatum),
den ersten Vorboten der Vegetation, hinmarschirt waren.
Das Aufziehen des Wassers aus den Brunnen verrieth

uns, dass wir jetzt zwischen Gärten waren, denn es war
nun so dunkel geworden unter den Palmen, dass wir
nur noch den Weg unterscheiden konnten. Aber bald
hatten wir den Lagerplatz erreicht und fanden schon
eine andere Karawane vor, die von Djalo gekommen
nach Bengasi wollte. Zwischen Tamarisken, in der Nähe
der Quelle Sibilleh, der einzigen der ganzen Oase, schlugen wir unsere Zelte auf, umringt von vielen Neugieri-
gen, die sich nach vielen Shalamat nach den Neuigkeiten
und Preisen in Bengasi erkundigten.

Ich schickte gleich einen Theil der Leute mit den
Kameelen zur Quelle, um diese abtränken zu lassen und
um uns einen Schlauch frischen süssen Wassers zu fül-
len, die anderen schlugen rasch die Zelte auf, einer be-
schäftigte sich mit der Küche, und noch ein anderer war
mit den Bewohnern in Unterhandlung getreten, um Hühner, Eier und Zwiebeln zu kaufen. Obgleich spät ange-
kommen, hatte sich die ganze Einwohnerschaft um unsere
Zelte versammelt, jedoch ging alles recht anständig zu,
und war von Zudringlichkeit oder Schimpfen keine Rede.
Als ich später noch heraustrat, die etwas zerstreut stehenden Kisten und anderen Gegenstände zusammenstel-
len liess, und meinen Leuten empfahl wegen etwaiger
Diebe sich Nachts dicht daneben zu legen, trat einer
der Einwohner heran und meinte, alles könne stehen
und liegen bleiben wie es wäre, hier sei nicht Barca,
Diebe gäbe es in Audjila nicht, und die Leute sollten

nur ruhig schlafen, ohne Wache zu halten. Unser alter Führer bestätigte diess auch und sagte er wolle mit seinem Kopfe haften, wenn irgend etwas abhanden käme. So konnten wir uns denn einmal wieder einem sorglosen Schlaf hingeben, zumal der alte Staui immer nur halb schlief; auch die Kameele und Esel bekamen keine Fusseisen, was sonst immer geschehen war.

Die Oasengruppe besteht aus drei durch Sserir getrennten Inseln, im Westen Audjila, in der Mitte Djalo[1]), im Osten Uadi, dessen Verlängerung im Süden Batofl ist. Djalo liegt nach Moriz v. Beurmann auf 21° 23′ 4″ ö. L. v. Gr. und 29° 0′ 40″ n. Br. Die später aus den Berichten Beurmanns an Prof. Bruhns in Leipzig von diesem gemachten Berechnungen bedürfen einer Revision. Der ganze Oasencomplex fällt nach der zehnblättrigen Karte der Petermann'schen Mittheilungen zwischen 29° und 29° 30′ n. Br. und circa 21° 50′ und 22° 30′ ö. L. v. Gr.

Die Lage der einzelnen Oasen zu sich selbst ist derart, dass Audjila im Westen gelegen, halbmondartig von N.-N.-O. nach S.-S.-W. gestreckt ist, und seine convexe Seite, nach Osten gerichtet, durch eine vier bis fünf Stunden breite Sserir von Djalo getrennt wird, welches länglich gestreckt ist und seine Längsachse von N.-W. nach S.-O. gerichtet hat. Die Nordwestspitze von Djalo ist demnach auch nur drei Stunden von Audjila entfernt.

---

[1]) Nordöstlich von Djalo liegt noch ganz isolirt der kleine Ort Leschkerreh, der auch zur Gruppe gehört.

Uadi, höchst wahrscheinlich eine Fortsetzung von Uadi el Ressam und Mareg, zieht sich ebenfalls in einem grossen Bogen, dessen convexe Seite nach Osten gerichtet ist, hin, und verbreitert sich südlich zur Oase Batofl, so dass der Ort Batofl fast südlich, etwas zu Ost, unter Djalo zu liegen kommt. Tiefer als das Meer gelegen, etwa 51 Meter, ist Audjila von Sserir und röthlichen Sanddünen umgeben, denen jede Spur von Vegetation abgeht. In der Oase selbst ist der Boden gypsartig, sobald man eine Schicht von einigen Fuss Sand durchdrungen hat. Die Länge von Audjila beträgt circa drei deutsche Meilen, der nördlichste Theil ist indess nicht bewohnt; die Breite ist verhältnissmässig gering, eine Stunde nördlich von Audjila, wo die Oase am breitesten ist, circa ¼ deutsche Meile.

Djalo, ebenfalls von Sserir umgeben, und etwa 30 Meter tiefer als das mittelländische Meer, hat eine S-förmig gewundene Gestalt, die Länge beträgt ebenfalls circa drei deutsche Meilen, die Breite jedoch in der Mitte erreicht 1½ deutsche Meilen, und fast bis zum Südende bleibt sie dieselbe. Das Terrain in Djalo ist bedeutend salzhaltiger, die Oase im Innern an vielen Stellen von Dünen durchsetzt, das Wasser ist so brackisch, dass die reichen Leute zum Trinken ihren Bedarf in Uadi holen lassen. In Leschkerreh sind die Bodenverhältnisse dieselben, das Wasser ist dort süss, ebenso in Batofl, wel-

ches guten Gartenboden und ausgezeichnetes Trink-
wasser hat.

Diese Oasengruppe, den Alten unter dem Namen
Augila (τὰ Αὔγιλα) bekannt, scheint in den ältesten Zeiten
keine festen Bewohner gehabt zu haben. Herodot über-
liefert uns, dass die an der Syrte herumnomadisirenden
Nasomonen alljährlich nach Audjila zögen, um im Herbst
die Datteln einzuheimsen. Derselbe erwähnt ferner nur
eine Quelle, und in der That ist auch nur eine vorhanden, Sibilléh. Auch die Beschreibung des salzhaltigen
Bodens trifft zu, wenn auch die Erwähnung eines einzigen Hügels nicht passt, da in Audjila sowohl wie in
Djalo viele Hügel sind, welche aber als Neulinge oder
Dünen auch nach Herodots Zeit entstanden sein können.
Die Entfernung von der Ammon-Oase giebt Herodot auf
zehn Tagemärsche an, und eben so weit bis zu den
Ländern der Garamanten. Wir brauchen deshalb die
Angabe des Plinius nicht für falsch zu halten, der die
letzte Entfernung auf zwölf Tagemärsche angiebt.

Später scheinen sich libysche Stämme in Audjila
festgesetzt zu haben, obgleich der Cultus der Sterne
dort nicht eingebürgert gewesen zu sein scheint. Ueberdies wissen wir auch von den Nasomonen, dass diese
mit ihren Todten und auf den Gräbern derselben feier-
liche Handlungen vornahmen. Um so leichter wurden
sie dann später geneigt, als sie sich in Audjila fixirten,
den Cultus der Ammonier anzunehmen. Pomponius Mela

erzählt uns von ihrem Manendienst, welche Manen sie wie Orakel zu consultiren pflegten, sie schliefen, sagt er, oft auf den Gräbern ihrer Anverwandten, und legten die Träume als eine Antwort aus. Dass übrigens der Ammondienst später dort herrschte, geht aus Procopius hervor, der das eigentliche Ammonium unter dem Namen eines doppelten, zwiefachen Augila begreift, und sagt, bei beiden seien Heidentempel und Priester gewesen, welche von Justinian in Kirchen und Christen umgewandelt worden wären.

Unter den Römern scheint ein Castell zum Schutze der Karawanen in Audjila gewesen zu sein; Leo im 15. Jahrhundert will dort noch Schlösser gesehen haben, und Pacho spricht auch noch von Backsteinüberresten. welche er aber auf libyschen Ursprung zurückführen zu müssen glaubt. Hamilton erwähnt nur vieler Topfscherben, ich selbst konnte auch nichts weiter finden, und diese können ebenso gut neuesten wie ältesten Datums sein. Dapper kennt die Oase im Anfange des 17. Jahrhunderts unter dem Namen Augele.

Wenn von Pacho noch ein unterirdisches Gebäude erwähnt wird, welches er in Djalo gesehen haben will, und er auch in seinem Atlas Abbildungen einer dort vorgefundenen Säule und eines Steines giebt, so konnte schon Hamilton nichts davon entdecken, Beurmann erwähnt die Sache gar nicht, und ich selbst konnte auch nichts darüber in Erfahrung bringen, denn auf eigene

Faust angestellte Nachforschungen führten zu keinem besseren Ergebnisse. Indess ist wohl kaum ein Zweifel zu erheben, dass dasselbe existirte.

Die heutigen Bewohner zerfallen in drei Hauptstämme, die Uadjili, sesshaft in der Oase Audjila und einem Theile der Oase von Djalo, besonders im Hauptorte Lebba, die Modjabra, besonders in Djalo mit ihrem Hauptorte l'Areg und die Suaya in Leschkerreh. In Batofl sind die Bewohner gemischt von allen drei Stämmen. Von diesen sind die Uadjili libyscher Herkunft, reden auch heute noch einen Dialekt des Tamasirht und ist ihre Sprache eng verwandt mit der von Rhadames, Sokna, Siuah und dem Targi. Ob die Modjabra auch berberischen Ursprungs sind, ist zweifelhaft, sie reden arabisch, wollen aber keine Araber sein, die Suaya sind ächte Araber.

Die Zahl der Bewohner ist schwer zu ermitteln; Pacho in den zwanziger Jahren giebt sie auf 9—10,000 Einwohner an, und basirt seinen Calcul auf 3000 waffenfähige Männer. Hamilton giebt für l'Areg allein 4000 Einwohner an, von andern Reisenden, welche die Oasen berührt haben, fehlen statistische Nachrichten. Nach eigenem Ueberschlage, und auf die Aussage der Eingebornen hin, würde ich für Audjila 4000, für Djalo 6000, für Leschkerreh 500 und für Batofl 1000 Einwohner annehmen, im Ganzen also circa 11—12,000 Einwohner. Im Aeusseren ist zwischen den Berbern und Arabern gar

kein Unterschied wahrzunehmen, denn die letzten sind
hässlich, meist mit dicken Lippen und von bräunlichem
Teint, was wohl der starken Vermischung mit Negerblut
zuzuschreiben ist. Ursprünglich von unabhängigem und
kriegerischem Naturell, haben sie seit 20 Jahren lernen
müssen sich dem Gesetze zu fügen, und sind jetzt mit
allen Umwohnern, welche, wie sie, dem osmanischen Reiche
unterworfen sind, in Frieden. Die Moralität in den
Oasen ist keineswegs weit her, wie überall da, wo zu
den ohnediess laxen Gesetzen des Islam, sich die Leute
offen dem Trunke ergeben. Sowohl Uadjili wie Modjabra fröhnen dem täglichen, reichlichen Genusse des Lakbi
(Palmwein), welcher Jahr aus Jahr ein meistens den
kleinen männlichen Palmen entzapft wird. Daher kommt
es denn auch wohl, dass die Heirathen als festes Binde-
mittel zwischen Mann und Frau hier noch leichter gelöst
werden als es sonst in den meisten mohammedanischen
Ländern der Fall ist. Hamilton notirte, dass es Männer
gäbe, welche 20—30mal hintereinander geheirathet hätten,
und man sich eine Frau für den billigen Preis von 8 bis
10 Thalern verschaffen könne. Im Uebrigen sind weder
die Modjabra noch Uadjili als Diebe, Mörder oder Lügner
verschrieen, und die Bewohner der anderen beiden kleinen Oasen haben auch einen guten Ruf. Die Modjabra,
als vorzügliche Handelsleute in der ganzen Wüste bekannt, haben überall Credit, sowohl in Aegypten, Bengasi und Tripolis als auch in Uadai, Bornu und Haussa.

Nebst den Rhadamsern sind sie die kühnsten und weit-
reisendsten Kaufleute, und meist bringen sie, bis Schwäche
sie hindert, ihr Leben auf ihren langen, gefahrvollen
Wegen zu. Die directe Verbindung mit Uadai über Kufra
und Uadjanga ist ihr Werk, nach Burkhart geschah dies
zuerst im Jahre 1811 und 1813. Der Verkehr wurde
bald sehr bedeutend. 1855 stockte indess der Handel
mit Uadai gänzlich, da, wie v. Beurmann uns erzählt,
in jenem Jahre eine von Uadai kommende Karawane,
die noch dazu dem Sultan dieses Landes gehörte, bei
Audjila von maltesischen Kaufleuten überfallen und aus-
geplündert wurde. Seit zwei Jahren sind die directen
Verbindungen wieder hergestellt, bei unserer Anwesenheit war gerade eine Karawane aus Uadai in Bengasi
und eine aus Modjabra-Kaufleuten bestehende wurde
erwartet.

Die Uadjili beschäftigen sich viel mit Gartenzucht
und dem Vermiethen von Kameelen, für welche sie in
den benachbarten Uadis reichlich Futter finden. Ohne
sich direct am Handel zu betheiligen, vermitteln sie
hauptsächlich den Verkehr mit Bengasi und den zunächst
liegenden Oasen, jeder Erwachsene ist Führer; bis Fesan,
Bengasi, zur Syrte und Aegypten kennen die Uadjili
Schritt und Tritt. Die Suaya von Leschkerreh, noch
mehr dem Trunke ergeben wie die eben genannten, leben
von ihren Palmen und Kameelen, ausserdem heimsen sie
die Datteln einiger Oasen von Kufra ein, da aber jetzt

Kufra, ein Oasencomplex, welcher etwa 6 Tagemärsche südlich von Batofl liegt, eine feste Besiedlung bekommen hat, so werden diese Herbstzüge der Suaya wohl bald aufhören. Seit einiger Zeit hat dort Sidi el Mahdi, der Sohn und Nachfolger des unter den Mohammedanern in Nordostafrika berühmten Snussi eine Sauya[1]) gegründet und auch eine Stadt angelegt.

Die Kleidung der Bewohner ist sehr einfach, ein langes Hemd, darüber ein Barakan oder Haik, eine fast enge, baumwollene Hose, die aber nur bis auf die Waden herabfällt, ein rother oder weisswollener Fes und gelbe Pantoffeln ist die gewöhnliche Tracht; Arme gehen meist barhaupt und barfuss. Die reichen Modjabra-Kaufleute machen natürlich Luxus und lieben es Tripoliner oder Kahiriner Tracht anzulegen. Die Rhadamser Sitte, feine Sudan-Toben oder Nube-Hosen zu tragen, herrscht hier nicht. Die Frauen, welche unverschleiert gehen, legen meist dunkelblaue Tracht an, haben je nach Vermögen schwere silberne oder kupferne Ringe um Knöchel und Arme, auch die Finger bestecken sie reichlich mit Ringen, und um den Hals tragen sie Bernsteinketten, oft auch goldene. Die meisten tragen ein blaues Kattuntuch um den Kopf, und desshalb war auch nicht zu erkennen, welcher Mode sie in Beziehung ihrer Haare huldigen.

Vom Liva Bengasi abhängig, werden alle Oasen von einem Mudir regiert, der seinen Sitz in Djalo hat, aber

---

[1]) Kloster und Schule.

meist seine Zeit in Bengasi zubringt. Während seiner Abwesenheit regiert jeder Stamm sich selbst, deren haben wir in Audjila drei, in l'Areg vierzehn und in Lebba drei, Leschkerreh und Batofl haben je einen, ebenso die kleinen Palmdörfer der Oasen. Pacho fand bei seiner Anwesenheit in Djalo einen Franzosen als Bei und Herrscher der ganzen Oase. Mit der französischen Expedition als Tambour nach Aegypten gekommen, war er in türkische Gefangenschaft gerathen, hatte sich durch einnehmendes Wesen und Tapferkeit bis zum Officier hinaufgeschwungen und war schliesslich von Tripolis aus zum Bei der Oasen ernannt worden. Die Bewohner von Djalo erinnerten sich in der That noch des Mamelucken, welcher Pacho so viele Aufmerksamkeit erwiesen hatte.

Für die Gerechtigkeit ist ausserdem ein Kadi vorhanden, der seine Stelle und Ernennung vom Gouverneur von Bengasi erkaufen muss; der Dienst in den Djemmen wird von Tholba und Faki versehen, welche sich selbst durch Frömmigkeit und Gelehrsamkeit die Thür zu diesen Plätzen öffnen. Der Orden der Snussi hat gleichfalls in Djalo ein Kloster gestiftet, und den Bemühungen der Brüder soll es gelungen sein den Leuten etwas mehr Moral und Erziehung beizubringen, obgleich das allgemeine und starke Trinken noch immer anhält, wie man aus den zahlreich angezapften Palmen ersehen kann.

Es versteht sich von selbst, dass die Bewohner eine Steuer zahlen, und zwar wird die Palme mit $2\frac{1}{2}$ Piaster

besteuert. Es mögen sicher über 200.000 Palmen ins-
gesammt in den Oasen sein, mehr aber als 100,000 werden officiell nicht besteuert. Dies macht also für das
türkische Gouvernement eine jährliche Einnahme von
250.000 Piaster oder 12,500 Mahbub, öder etwa 14.000
preussische Thaler. Djalo muss hievon bei weitem das
Meiste zahlen, obschon die Angabe Hamilton's, Audjila
mit etwa 16,000 Dattelbäumen, überdoppelt zu niedrig
ist, und Djalo allein auch mehr als 100,000 Palmen hat.
Man denke aber nicht etwa, dass die nicht censirten
Palmen nichts zu bezahlen haben, gezählt sind sie alle,
aber das Geld der nicht eingetragenen wandert in die
Tasche des Mudirs, der natürlich für seine Stelle durch
grosse Bakschisch danken muss. Andere Abgaben kommen nicht vor, namentlich sind aus den Negerländern
kommende Gegenstände, als Federn und Elfenbein, hier
keinem Zoll unterworfen, sondern erst in Bengasi oder
Aegypten. Die in der Oase circulirenden Münzsorten
sind die von der Türkei, doch ist natürlich auch hier
der Maria Theresienthaler das häufigste grosse Silbergeld.

Im übrigen leben die Bewohner sehr einfach. Gegen
ihre ganz ausgezeichneten Datteln, schon im Alterthum
berühmt, tauschen sie sich das ihnen noch nöthige Korn
und Vieh ein, und in ihren Gärten ziehen sie ausser
Weizen, Gerste von ausgezeichneter Güte, Negerhirse,
einige Gemüse, als rothen Pfeffer, Zwiebeln, Knoblauch,
Rüben, Bohnen, Carotten, Malochin (Hibiscus esculentus),

Auberginen (Solanum melongena), Tomaten, Kürbisse,
Melonen und Wassermelonen. An Früchten finden sich
ausser den vielen Dattelsorten, schlechte Pflaumen und
verkrüppelte Aepfel, Aprikosen und Pfirsiche. Von wild-
wachsenden Bäumen ist nur der Ethel (Tamarix articulata) vorhanden.

Das Thierreich ist wie in allen Oasen schwach vertreten, drei oder vier Pferde, kleine Esel, gar kein Rind-
vieh, eine Anzahl von Ziegen und Schafe (Fettschwanz),
einige wenige Hunde, ist alles, was an Säugethieren vorhanden ist; an Federvieh sind Hühner zahlreich, Tauben
wenige vorhanden. Wild kommt gar nicht vor, wenn
man Springratten, Ratten und Mäuse nicht dahin zählen
will. Von den Vögeln sind nur Raben, Schwalben, kleine
Waldtauben und Sperlinge vorhanden, Fische giebt es
keine in der Quelle, Frösche, Eidechsen, Skorpione,
Mistkäfer sind in mässiger Zahl, aber Milliardenweise
die Fliegen vorhanden. Im Mineralreich verdient nur
das Salz eine Erwähnung, das, aus den Sebchas gewonnen, mehr als hinreichend für den Bedarf der Bewohner ist.

Die Gartenzucht wird in Audjila sehr sorgfältig be-
trieben, und gewiss mit grosser Mühe. In kleine Beete
eingetheilt, welche von Dämmen eingeschlossen sind, geschieht die Bewässerung durch Brunnen, bei denen
Sklaven oder Esel thätig sind, das Wasser Tag und Nacht
herauszuziehen. Diese kleinen Beete zu einem Garten

vereinigt, sind dann von Palmhecken eingefriedigt, welche
zuweilen auch dazu dienen, die Sanddünen abzuhalten.
Es ist hier ein fortwährendes Ringen mit der Natur,
jeder Fleck wird benutzt, oft werden sogar die Dünen
angegriffen, denn mit Wasser und etwas Dünger gedeiht
im Lande Alles, was die Bewohner ziehen wollen. Und
das geht das ganze Jahr durch: ist im März die Gerste
und der Weizen geschnitten, so wird gleich wieder gedüngt für Sommergemüse, und wenn diese gegessen sind,
kommen Bohnen, Rüben und Carotten an die Reihe. In
Djalo ist aber lange nicht solch sorgfältiger Gartenbau,
theils liegt es wohl daran, weil der Boden bedeutend
ungünstiger ist, dann auch, weil die Modjábra alle Kaufleute sind, Vermögen haben, mithin ihren Bedarf für
Geld leicht von Audjila beziehen können. In Leschkerreh ist gar kein Gartenbau, hingegen sollen die Bewohner Batofls eben so rührig sein wie die Uadjili.

Die Oase Audjila, nach dem Hauptorte so benannt,
welcher fast im Süden und hart am Ostrande liegt, hat
ausserdem noch die bewohnten Oerter, von Norden nach
Süden gerechnet folgenden Namens: Masús, Beldjú,
Soáni Schoáschna, Nekfósch, Nuára, Duenéhm, Tin-Kersi,
Abd-el Metal, Bu-Ssellim, Fellri, alle diese Oerter liegen
nördlich vom Orte Audjila, westlich davon sind Ssellúfa,
Tin-Gedért, Bir-Daim, südwestlich Duertállem und südlich
Bu-Attáf, Márabit und el-Chúschschan. Alle diese eben-
genannten Oerter bestehen aus Palmhütten, manchmal

jedoch auch sind die Wände der Häuser aus Stein und
Thon. Kein einziges dieser Dörfer dürfte über 20 Familien haben.

Wenn die Oase Audjila den Namen vom Hauptorte
empfangen hat, so ist dies bei Djalo nicht der Fall, es
ist dies ein Name, der blos die ganze Oase bezeichnet,
ohne eine bestimmte Oertlichkeit darin. Die Hauptörter
sind hier l'Areg und Lebba, beide ungefähr von gleicher
Grösse, in Lebba wird die Uadjili-Sprache, in l'Areg
arabisch gesprochen. Beide liegen dicht bei einander in
der Richtung von N.-W. nach S.-O. Von ihnen ausge-
rechnet liegen im N.-W. Héri, Schürf, Um-es-Msihd, im
N. Halláuin, Drb-el-Bil, Lakoschía, Lafan, Hágeba, Har-
gús, Djémma, Schükoría, Lkúddea, Ssossomíat, im W.
Síada, Mhérik, Rschada, Lcharabísch, Lrharbi,
Lsoéïat, im S.-W. Rhoschiría, im S. Rmla, Lkeböl, im
O. Lebús, Beráni, Ssafan und Hattía. Nur die mit
gesperrten Lettern gedruckten haben über zwanzig Familien. In den andern beiden Oasen sind nur je ein
Ort des gleichen Namens.

Die Sonne schien, als ich am andern Morgen er-
wachte, schon ins Zelt; mein Diener hatte es leise auf-
geschnallt, und auf einer Kiste, welche zugleich als Tisch
diente, fand ich bereits Kaffee und Milch, frisches Brod,
Butter und Gemüse, die wir seit Bengasi nicht mehr
gehabt hatten. Meine Leute sassen wartend in der
Sonne, reparirten die Sättel, die Säcke, indess der alte

Mohammed Staui. dessen sich vielleicht Einige erinnern werden, welche meinen Aufenthalt in Rhadames verfolgt haben, die Mehl- und Fettvorräthe revidirte, und halb englisch, halb arabisch, halb italienisch meinem deutschen Diener (einem Bayern), der zugleich alle anderen unter sich hatte, auseinander zu setzen suchte, wir würden nächstens Bankerott machen, wenn fortgefahren würde den Negern und Kameeltreibern alle Tage so reichliche Portionen zu verabreichen. Der alte Staui war noch geiziger geworden als er früher schon war, er hätte uns am liebsten mit unseren Vorräthen Alle verhungern lassen, mich selbst nicht ausgenommen.

Langsam wurde geladen, langsam wurde aufgebrochen, und langsam zogen wir dahin durch die schmucken Palmgärten, es war ein Spazierritt, denn wir hatten nur etwa drei Stunden bis zum Orte Audjila selbst. Natürlich erregten auch hier die sonderbaren Kisten, und dann hauptsächlich wir beiden Deutschen in christlicher Tracht grosses Aufsehen; aber nur freundliche Ssalamat wurden uns zu Theil, welche mein bayerischer Diener immer ernst mit der Hand auf der Brust erwiederte. Es war fast 11 Uhr geworden, als wir dicht bei Audjila waren, und ich dem Staui sagte vorauszugehen, um dem Mudir, welcher von Djalo hierher gekommen war, meine Ankunft anzuzeigen. Und als wir dann durch die engen Strassen, die gerade breit genug waren für ein beladenes Kameel, dahinzogen, kam uns der Mudir schon ent-

gegen, begleitet von all seinen Beamten, Dienern und
einem grossen Tross Neugieriger. Ich war froh, dass
er, als die nicht enden wollenden Ssalamat vorüber
waren, anfing in arabischer Sprache zu sprechen, da
sonst in der Regel die meisten türkischen Beamten nur
ihre eigene Sprache reden. Er führte uns dann nach
dem Schlosse, welches wohl aus dem Grunde nicht bewohnt wurde, weil es ganz baufällig, fast eine vollkommene Ruine ist. Zudem hatte der Mudir seinen Wohn-
sitz nicht darin aufgeschlagen, weil keine Harem-Vor-
richtung darin ist. Dies Gebäude, welches den pomphaften
Namen Schloss führte, war früher, als Audjila noch unabhängig war, von dem Bei der Oase bewohnt worden.
Jetzt konnten wir mit Noth aus all den vielen Zimmern
eins herausfinden, welches überdacht war und wo man
ein Unterkommen sich schaffen konnte, natürlich mussten
gleich die Fensterlöcher und die Thür verstopft und behangen werden, zur Abwehr gegen die unzähligen Fliegen, die aber nur durch vollkommene Dunkelheit zu
verscheuchen sind. Meine Leute campirten im Hofe
selbst, da die übrigen Zimmer Einsturz drohten, die
meisten sogar ganz zusammengefallen waren. Gegenüber
vom Schloss befindet sich die Djemma, ein insofern
interessantes Bauwerk, als das ganze Dach aus kleinen
Kuppeln besteht von 4—5 Fuss Durchmesser auf 8—10
Fuss Höhe. Es ist dies die einzige Kirche im Orte, denn die
andern sind blos kleine Capellen, in denen Freitags kein

Chotba gelesen wird. Sonst hat Audjila nichts merk-
würdiges, der Ort ist ohne Mauern, aber die Häuser
selbst bilden nach aussen eine Art Mauer, alle Strassen
sind gleich eng, Kaufläden giebt es keine, aber Nachmittags findet immer eine Art von Dellöl oder Auction
statt, wo man kaufen und verkaufen kann. Die Bewohner im Orte betrugen sich sehr anständig, nur belästigte
uns sehr eine weibliche Marábta (Heilige), welche, in
tausenderlei Fetzen gehüllt, mit Federn geschmückt und
mit Ringen und Glasperlen behangen, das Haar lang
herabhängend mit bunten Bändern darin, sich für einen
Abkömmling der Rumi (Christen) ausgab und bettelte.
Da ich anfangs ihr Kauderwälsch nicht verstand und im
Glauben sie spotte auf uns Christen, sie schon hinaus-
schmeissen lassen wollte, baten die Bewohner des Ortes,
welche immer zahlreich versammelt waren und sich an
ihrem obscönen Tanzen und Schreien ergötzten, sie doch
gewähren zu lassen, sie sei zwar ein Christenkind, habe
aber von einem heiligen Manne ein Kind bekommen und
sei dann besessen worden, ob von guten oder bösen
Geistern, das wüssten sie nicht, sie sei aber Marábta.
Ueberdies sei sie ja eine weitläufige Verwandte von mir.
Die Marábta fing nun an auf die Mohammedaner zu
schimpfen, um sich bei uns in Gunst zu setzen, die
Uádjili mussten das ruhig mit anhören, es war eben eine
Heilige für sie. Mit einigen kleinen Geschenken für sie

und ihr Kind brachten wir sie bald zum Hause hinaus.
um dieser widerlichen Scene ein Ende zu machen.

Ich blieb nur noch den folgenden Tag in Audjila,
um neue Vorräthe zu kaufen, da wir uns hier bis zur
Jupiter Ammons-Oase verproviantiren mussten. Meine
Unterhandlungen, um nach Kufra zu kommen, hatten vollkommen fehlgeschlagen, zwar wurden mir Kameele zu
vermiethen angeboten, aber die Hauptsache, ein Führer,
war nirgends zu beschaffen. Mir blieb nun blos noch
die schwache Hoffnung, einen solchen in Djalo zu finden,
aber auch das erwies sich später als trüglich. Am
15. April Morgens brachen wir dahin auf.

Sobald man Audjila verlassen, kommt man gleich
auf eine grobkiesige Sserir, etwa 20 Meter höher gelegen als die Oase. Wir hielten den grossen Karawanen-
weg, welcher die Oasen verbindet, und dieser läuft in
160° Richtung. Ausser einem Wegweiser, Allem es
Schrab oder Luftspiegelungswegweiser genannt, ist diese
öde Fläche eben durch nichts als herrliche Fata mor-
gana unterbrochen, welche hier täglich und zu jeder
Jahreszeit beobachtet werden.

Schon nach zwei Stunden erblickt man das Nord-
westende des Palmenwaldes von Djalo, Ued el Ftor (Früh-
stücksthal) genannt, und nach zwei anderen Stunden
erreicht man den Brunnen Meslíua, und gleich darauf
ist man unter den Palmen der Oase selbst. Man passirt
den Ort Siáda, und dann gerade östlich weitergehend,

erreicht man, immer von Palmen beschattet, nach einer andern Stunde die Hauptörter l'Areg und Lebba. Beim ersten vorbeiziehend, schlugen wir unser Lager unter einigen schönen Tamarisken auf, zwischen den beiden Orten, welche nur einen halben Kilometer von einander getrennt sind. Unser Empfang war aber hier ein ganz anderer als in Audjila, Banden von Kindern zogen neben uns her: Christenhunde, ungläubige Schweine, Söhne des Teufels, das waren noch die gelindesten Schimpfworte dieser kleinen Bengel; unsere mohammedanischen Diener kamen nicht besser weg, für sie erfanden sie noch besondere Beinamen, als im Dienste der verhassten Nassara stehend. Als sie nun gar anfingen mit Steinen zu werfen, wurden meine Diener auch grob, und es hätte durch diese kleinen Taugenichtse zu unangenehmen Verwickelungen kommen können, wenn nicht endlich die Eltern gekommen wären, um sie wegzutreiben. Um aber ähnliche Scenen zu vermeiden, machte ich die Eltern aufmerksam darauf, wie viele Brüder, Väter oder Verwandte von ihnen in Aegypten oder Bengasi wären, und dass diese dort Alle für meine Sicherheit und selbst für Beleidigungen würden haften müssen. Dies hatte den guten Erfolg, dass wir nun ruhig campiren konnten.

Der Mudir in Audjila hatte mir für die bedeutendsten Schichs der beiden Oerter Briefe mitgegeben, welche ich gleich bei unserer Ankunft durch den Führer hatte abgeben lassen. Gegen Abend kam denn auch Schich

Yunes, um uns zu begrüssen. Es war derselbe, der zur
Zeit Hamiltons in Djalo war, und obschon dieser sich
eben nicht sehr zufrieden über ihn ausdrückt, gefiel mir
der Mann recht gut. Ich bot ihm einen Feldstuhl zum
Sitzen an, er meinte aber, er würde herunterfallen, zog
seine gelben Pantoffeln aus und setzte sich auf den Teppich. Ohne Zweifel heute der reichste und angesehenste
unter den Schichs, ging seine Macht aber doch nicht so
weit, mir einen Führer nach Kufra zu verschaffen, oder
fehlte der gute Wille? Nach seiner Meinung könne man
nach Kufra nur hinkommen, wenn eine Karawane nach
Uadai abginge, da der Weg nur einigen Wenigen bekannt
sei, und diese gerade jetzt unterwegs wären. Möglich,
dass dem wirklich so war, wahrscheinlich aber wollten
die Modjabra sowohl, als auch die Uadjili keinen Christen dahin führen. um nicht die guten Beziehungen mit
Uadai zu stören. — Abends schickte Schich Yunes eine
grosse Diffa, aus allmächtigen Kuskussu-Schüsseln, Basina-
Platten und gebackenen Hühnern bestehend; als Gegen-
geschenk schickte ich einige Pfund Pulver, einige Dutzend
Taschentücher, Kautaback und Zucker. Die beiden
Oerter aber, viel reicher als Audjila, fanden nicht für
gut den Nsrani zu bewirthen; die Uadjili hatten uns
einen Hammel geschenkt und ein entsprechendes Gegen-
geschenk erhalten.

Die beiden Oerter sind ungefähr von gleicher Grösse.
und obschon sie von aussen ärmlicher aussahen als Audjila.

bedeutend behäbiger im Innern gebaut. Die Häuser sind grösser und mit mehr Comfort ausgestattet, die Modjábra trinken Thee und Kaffee und bringen sich oft von Kairo oder Alexandrien Luxusgegenstände mit, deren Gebrauch der arme Uadjili nicht einmal kennt. Jeder Ort hat eine Hauptmoschee, in l'Areg ist sodann noch eine grosse Sauya der Snussi, in deren Moschee Freitags auch Chotba gelesen wird. Ohne Aussicht, nach Kufra kommen zu können, blieb ich nur noch den folgenden Tag in Djalo, weil ich stündlich meinem Firman von Konstantinopel entgegensah. und Leute mir gesagt hatten, in Audjila sei ein Courier von Bengasi eingetroffen. Unter der Zeit verkaufte ich meinen alten Esel; es wäre unmöglich gewesen ihn durch die Rhartdünen und über die Gerdoba-Ebene zu bringen, ich hätte denn ein eigenes Kameel für ihn halten müssen zum Weitertransport. Und nachdem dann noch Datteln für die Kameele waren eingekauft worden, der Courier aber nicht eintraf. sagten wir den grünen Oasen der Nasomonen Adieu.

Die libysche Wüste zwischen Djalo und der Oase des Ammon.

Heute kommen wir überein, den Theil der Sahara die libysche Wüste zu nennen, welcher südlich vom sogenannten libyschen Plateau und nördlich von Fur und Kordofan einerseits, andererseits westlich vom Nil und östlich von einer Linie gelegen ist, welche man sich von Audjila durch Kufra und Uadjanga nach Uadai gezogen denkt. Eigentlich liegt aber zu einer besonderen Benennung gar keine Berechtigung vor, da diese Strecke Landes sich durch Nichts von der übrigen Sahara zu unterscheiden scheint. Die Alten nannten das ganze nördliche Afrika Libyen zum Unterschiede von dem im Innern gelegenen Aethiopien, und die specielle Benennung dieses Theiles· der Wüste als libysch, scheint durch die arabischen Geographen aufgekommen zu sein, da auch Leo diesen Theil östlich von Audjila als Leuata, Lebeta bezeichnet, ein Wort, was von Libyae herkommt.

Und wir können, bis das Innere dieses grossen Raumes erforscht ist, eines Raumes von circa 15 Quadratgraden, in den nie ein Europäer gedrungen ist, mit Recht diesen Namen beibehalten, um nur überhaupt einen Namen für eine so grosse Gegend zu haben, die wir sonst höchstens die östliche Sahara nennen könnten. Gewiss ist aber auch in diesem Theile der Wüste die grösste Mannigfaltigkeit vorhanden, Berge wechseln mit Sserir, Sanddünen mit Hammada, und zwei grosse Oasen sind uns wenigstens dem Namen nach bekannt, Kufra und Uadjanga.

Beide sind bewohnt, denn wenn Kufra auch durch tripolitanische Rasien, bis vor einigen Jahren der Be-

5*

völkerung war beraubt worden (man hatte die einheimischen Teda in die Gefangenschaft geschleppt), so hat jetzt Sidi el Mahdi, der Sohn Snussis, dort eine Filial-Sauya errichtet, und Neger aus Uadai bilden den Kern der Bevölkerung.

Ob sich nun die lange Depression von Bir Ressam an durch Audjila hindurch bis nach Siuah, auch südlich hin erstreckt, das wäre gewiss höchst lohnend zu erforschen. Würde es der Fall sein, dass die Bodensenkung bis Uadjanga reicht; also ungefähr bis zum 22° nördl. B., so liesse sich durch eine Durchstechung des Ufers, etwa an der grossen Syrte, eine grosse Umwälzung für Afrika hervorrufen. Der ganze Theil südlich, vom sogenannten libyschen Plateau, würde dann Binnen-See werden, Audjila, Djalo und Siuah würden verschwinden, aber Central-Afrika würde uns dann auf eine Weise zugänglich werden, die Nichts zu wünschen übrig lässt. Und was hätte das Verschwinden jener kleinen Oasen zu bedeuten, und andere, von grösserer Ausdehnung, sind wohl schwerlich vorhanden. Oder sollten in der That, westlich von den Uah-Oasen, östlich von Kufra und Uadjanga, grössere Oasen existiren, oder gar bevölkerte Oasen dort vorhanden sein, ohne dass wir Kunde davon hätten? Wir glauben das nicht. Aber gerade diese Abwesenheit von Oasen, dieses Trostlose, diese endlose Einöde berechtigen uns denn auch um so mehr, diesen Theil der Sahara speciell zu benennen und zwar mit dem alten Worte der

libyschen Wüste. Wir durchzogen die Sahara von Westen
nach Osten, von Norden nach Süden, aber nie durch-
wandelten wir eine ödere, abschreckendere Gegend als
die von Uadi nach Bir Tarfaya. Der Weg südlich von
Fesan bis Kauar ist durch die Gerippe vor Durst ver-
schmachteter Negersklaven bezeichnet; aber dies ist
nicht hervorgebracht durch Brunnenmangel, sondern durch
zu knappes Mitnehmen von Wasser, durch Entbehrungen
und Strapazen aller Art, welche die Sklaven zu erdulden
haben. Zwischen Tidikelt und Timbuctu wird als ver-
derbend und ohne Wasser die Tanesruft erwähnt, und
doch beträgt die brunnenlose Strecke nur 5 Tagemärsche. Es giebt auch wohl in der ganzen übrigen Sahara
keine Karawanenstrasse, welche eine grössere Brunnen-
entfernung hätte.

Hier von Batofl nach Süden, hat man erst am sie-
benten Tage Wasser, und geht man von Djalo oder Uadi
nach Osten, also nach Siuah, so ist man circa 45 deutsche Meilen ohne Wasser. Und diese entsetzliche, was-
serlose, vegetationslose Wüstenstrecke musste jetzt durchzogen werden.

Es war 7 Uhr Morgens, am 17. April, als wir Djalo
verliessen, wo das Wasser so schlecht und die Leute so
unmanierlich und wenig liebenswürdig waren. Wir hatten noch mehrere Schläuche zu unseren schon vorhandenen gekauft, hatten unsere Mehl- und Dattelvorräthe
erneuert, und glaubten so den Schrecken der Wüste

trotzen zu können. Wir hielten immer N.-O. Richtung
zu N. und legten im Ganzen an dem Tage sieben Stunden zurück, von denen zwei in der Oase Djalo selbst.
So hübsch diese von aussen als Ganzes sich ausnimmt,
so trostlos ist sie im Innern: fast nirgends Gartenbau,
überall Dünenbildung, die Palmen nur gruppenweise,
und fast so viele Lakbi träufelnde Palmen als fruchttragende, geben die vielen abgestorbenen Stümpfe dieses
segenbringenden Baumes eine schlechte Vorstellung von
dem Betriebseifer der Bewohner.

Man erreicht dann eine Ebene, die aus Kies und
grobem Sand besteht, und wo zahlreiche Baumstümpfe,
jetzt versteinert, und verglaste Holztrümmer auf ehemalige Vegetation hindeuten. Diese Ebene ist etwas
höher als Audjila aber auch noch unter dem Niveau
des Meeres. In dieser einförmigen Gegend zogen wir
nun, immer in der alten Richtung haltend, sieben lang-
weilige Stunden dahin, und erreichten dann das Uadi,
wo wir Brunnenlöcher fanden. Diese haben weiter keinen
Namen, sondern werden schlechtweg biur el uadi, d. h.
Brunnen des Thales genannt.

Das Uadi zieht sich von hier nach Nordost, und
einen halben Tagemarsch weiter stösst man auf den
Brunnen A'gela (Lagheirah), der selbst hinwiederum
einen halben Tagemarsch östlich vom bewohnten Orte
Leschkerreh sich befindet. Dieser Ort liegt indess nicht
im Uadi. Nach Süden zu geht das Uadi bis nach Batofl,

welches gewissermaassen seine Oasenbildung der unterirdischen Feuchtigkeit des Uadi verdankt. Dies ist
reichlich mit Wüstengras, Belbel und männlichen Dattel-
büschen bestanden. Letztere, welche gerade in Blüthe
standen, wurden von den Bewohnern Djalos ihrer Blumen beraubt, die damit die weiblichen Dattelbäume ihrer
Oase befruchten. Obgleich das Wasser überall auf
3 bis 5 Fuss Tiefe anzutreffen ist, scheint das Uadi nie
bewohnt gewesen zu sein, wenigstens sind nirgends Spuren von Bauten oder Anpflanzungen übrig geblieben.
Es ist dies umsomehr zu verwundern, als das Wasser
das Beste der ganzen Oasengruppe und im Verhält-
niss so wenig salzhaltig ist, dass nach dem Gebrauche
des brakischen Wassers von Djalo es fast als süss er-
scheint.

Wir warfen uns frische Wasserlöcher aus, und schlugen so rasch wie wir konnten im Schutze hoher Palmbüsche unsere Zelte auf, denn schon seit einigen Stunden
verkündete die blutigroth gefärbte Sonne, dass ein
Samumwind nahe sei.

Kaum war dies geschehen, als denn der heisse Staub-
wind mit einer solchen Heftigkeit zu wehen anfing, wie
ich ihn in der Sahara noch nie erlebt hatte. In Einem
Augenblicke war die Sonne unseren Blicken entzogen
und wir Alle von einem feinen Staube, der heiss die
Haut berührte, umflossen. Es war der 17. April Nachmittags, und dieser Gluth-Orkan hielt bis zum 20. incl.

an, immer mit gleicher Heftigkeit. Allerdings war die
Hitze nicht sehr gross, da überdies die heisse Jahreszeit noch fern war (höchster Wärmepunkt am 19. April
Nachmittags 3 Uhr: 33⁰), auch zeigte das Barometer
keinen bedeutend niedrigen Stand, aber dafür war der
Feuchtigkeitsgehalt der Luft durch den alles austrock-
nenden Wind dermassen gering geworden, dass man behaupten konnte, in absolut trockner Luft zu sein. Das
Hygrometer fiel am 19. und 20. April Nachmittags auf 2⁰
(unter normalen Verhätnissen hatte es um diese Zeit in
dieser Sahararegion circa 25⁰, am Rande des Meeres
60 bis 70⁰).

Um uns in dieser Feueratmosphäre zu erhalten, hatten wir bei vollkommener Unthätigkeit das Bedürfniss,
circa 12 Liter Wasser innerhalb 24 Stunden zu trinken,
der Körper bedurfte also einer wässrigen Zufuhr, welche
gleich ist dem gewöhnlichen Blutquantum des Menschen.
Ich verstand es nun leicht, wie es möglich sein kann,
dass zu Fusse reisende Menschen in der Sahara,
während eines solchen Samumwindes, innerhalb eines
halben Tages bei Wassermangel verdursten können. Die
Trockenheit ist nämlich so gross, dass die ganze Feuchtigkeit des Menschen verdunstet: sie muss fortwährend,
will der Mensch nicht an Austrocknung sterben, durch
Wasserzufuhr ersetzt werden. Die Verdunstung erfolgt
nur durch die Haut und unmerklich. Hieraus erklärt
sich denn auch, weshalb die trockne Wüstenhitze für

den Menschen weit leichter zu ertragen ist, als feuchte Wärme. Durch das beständige Verdunsten auf der Oberfläche der Haut, unterstützt durch Bewegung der Luft wird Kälte erzeugt, Schweissbildung findet nicht statt. In feuchter Luft findet keine Hautausdünstung statt, man schwitzt unerträglich und man glaubt fortwährend in einem Dampfbade zu sein.

Die Absonderung der Nieren ist bei einem Samum fast ganz aufgehoben, da eben die Thätigkeit der Haut diese gewissermaassen ersetzt. Zum Glück für uns befanden wir uns während dieses schrecklichen Gebli (Wüstenausdruck für Samum) in der Nähe der Wasserlöcher; aber einer der Neger war immer beschäftigt, mit den Händen den hineintreibenden Sand hinauszuwerfen, und Morgens waren die Löcher immer dem Erdboden gleich durch Sand zugetrieben. Die Dürre war am dritten Tage so gross, dass eine Menge Gegenstände von selbst barsten, ein Elfenbein-Doppelglas sprang auseinander, ein Spiegel durch das dahinter liegende Holz gezwungen, sprang entzwei, alle Uhren, sei es nun, dass Staub hineingedrungen war, oder dass die Räderchen sich lockerten, standen still. Die innersten Gemächer der Koffer waren von feinem Staube durchdrungen, und alle Essvorräthe wurden während dieser Zeit so mit Sand und Schmutz untermischt, als ob man sie absichtlich darin herumgezogen hätte.

An Reinmachen, Waschen des Körpers oder an
Kochen war natürlich während dieser Zeit nicht zu denken. Ich verzichtete ebenfalls darauf, mein Bett oder
meine Decken ausstäuben zu lassen, denn kaum war
dies geschehen, als unmittelbar nachher Sand und Staub
von neuem eindrangen. Wir waren zu vollkommener Unthätigkeit verdammt.

Am 20. April sprang der Wind nach N.-W. um,
wehte aber den ganzen Tag über mit gleicher orkanarti-
ger Heftigkeit, erst am Abend sahen wir, nachdem wir
drei volle Tage in einer Sandwolke gelebt hatten, den
Himmel wieder.

Aber jetzt, wo wir wieder sehen konnten, wurden
wir erst eines anderen Unfalls gewahr: mein Reitkameel
war entlaufen. Wie es Sitte ist bei einem solchen Samum,
hatten wir gleich beim Beginn des Sturmes die Kameele
niederknieen gemacht und die Vorderfüsse, um das Auf-
stehen zu verhindern, durch Stricke zusammengeschnürt.
Wahrscheinlich waren diese nicht mehr gut gewesen, das
Kameel hatte sie zerrissen und natürlich das Weite gesucht.

Obgleich wenig Hoffnung vorhanden war, das Kameel
wieder einzufangen, welches natürlich in der Richtung
des Windes gegangen sein musste, so brach am anderen
Tage der Führer auf, um in Djalo, Audjila und Leschkerreh Erkundigungen einzuziehen. Da hiermit mehrere
Tage hingingen, so wurde Ali, einer der Neger, zurück-

geschickt, um noch mehr Datteln und Mehl zu kaufen, und um einen anderen Führer zu miethen, da es sich immer mehr herausstellte, dass der in Bengasi engagirte nicht wegtüchtig sei. Wir hatten von hier an eine der wasserlosesten Wüstenstrecke zu durchziehen, welche wegen der Rhartdünen. wo der Wind den Bergen bald diese Form, bald jene giebt, der tüchtigste Führer nothwendig war. Nachdem ein solcher, der von den Schichs der Oase war empfohlen worden, gefunden, dann alle Haverien ausgebessert waren, traten wir am 25. April unsere Weiterreise an[1]).

Wir marschirten am selben Tage nur 3½ Stunde weit in 50° Richtung. Gerade während unseres Aufbruchs traf eine Karawane von der Ammons-Oase ein, welche den fürchterlichen Sturm am Tarfaya-Brunnen überstanden hatte, aber wenig glücklicher als wir, da dieser ein sehr bitteres Wasser hat. Wir lagerten Abends an einer niedrigen Hügelkette Gor Msúan genannt.

Der darauf folgende Tag zeichnete sich durch Nichts aus, die Richtung blieb dieselbe; aber ein vierstündiger Marsch brachte uns dann mittelst des Fum er Rhart in die eigentliche Dünen-Region. Dieses Sandmeer ist nach

---

[1]) Das verlaufene Kameel, welches natürlich nordwärts gezogen war, wurde später von einer Arabertribe eingefangen, und durch die Verwendung des englischen Consuls, Mr. Chapman von Bengasi, nach der Stadt gebracht und dort verkauft. Es war aber so abgemagert, dass nicht mehr als 25 M.-Theresienth. dafür zu bekommen waren.

Süden zu vollkommen unbekannt. nach Norden erstreckt
es sich circa einen Tagemarsch weit. Die Sandberge
erreichen eine Höhe von 100—150' sind aber nicht
ganz ohne alle Vegetation. so hat man namentlich viel
Had und Mischab. Ueberall stösst man aber auch hier
auf Gerippe von Menschen und Thieren, und namentlich
zeigte uns unser neuer Führer, mit dem wir sehr gut
zufrieden waren, einen Platz, auf dem 40 Menschen-
gerippe, von vielen anderen Thierknochen untermischt,
lagen; eine Karawane. die durch die Unkenntniss unseres eben entlassenen Dieners Hammed, während eines
Samum verirrt und verschmachtet war. Er allein, Hammed, hatte die Kraft gehabt von hier Uadi zu erreichen.
Auch am 27. April waren wir immer noch mit dem
Durchwaten der Rhart-Dünen beschäftigt, die denselben
Charakter behielten, manchmal aber eigenthümliche kra-
terartige Vertiefung zeigten [1]). Wir lagerten Abends in
der Gerdobia und stiessen hier wieder auf eine von der

---

[1]) Am 27. April, Aufbruch um 6 Uhr, Richtung N.-O.; um
8 Uhr schwarzer Hügel Lumahi; um 9 Uhr Gobr Bu Fatma; um
2 Uhr kraterartiger Kessel Batron; um 5 Uhr ein anderer Brmt el
Targi; um 6 Uhr Abends Lager in der Gerdobia. — Am 28. April,
Aufbruch 6 Uhr in N.-O. Richt.; um 8 Uhr, Fum er Rhart schirgi,
und nun in östlicher Richtung, 10 Stunden Lager bei Kobr Benin u
Banan. — Am 29. April, Aufbruch 5½ Uhr in östlicher Richt., um
8 Uhr, Bottom Fattoma, ein Wegweiser; um 11¼ Uhr, der Pass
Schibiha; um 1¼ Uhr, der Hügel Gar-Chot mit 7 Gräbern Modjabra, um 2¾ Mueddin, Grab der 70 Sklaven, um 4¼ Uhr, der
grossartige Aufgang, Rkbt el meheri, um 6 Uhr Lager.

Jupiter-Ammons-Oase kommenden Karawane. Diese gab uns nun zuerst die Nachricht, dass man dort von der Ankunft eines Christen unterrichtet sei, die ganze Oase sei in Aufregung gewesen, als von Kairo ein Bote mit einem viceköniglichen Briefe eingetroffen, woraus man ersehen, von Tripolis käme ein Christ, um der Oase einen Besuch abzustatten.

Die Gerdobîa ist übrigens durch Nichts von den Rhartdünen unterschieden, nur verlässt man dieselben hier, da der Sand in gleicher Richtung von West nach Ost weiter streicht, wir aber in nordöstlicher Linie ziehend, hier das Ende des Sandmeeres erreicht hatten. So kamen wir denn auch am folgenden Tage nach einem zweistündigen Marsche mittelst des Fum er Rhart schirgi auf die Sserir Gerdoba. Von hier an hatten wir nun immer im Süden von uns den Nordrand der Sanddünen, im Norden aber, sehr weit entfernt von uns, den Südrand des sogenannten libyschen Wüstenplateaus. Die Gerdoba ist eine Tiefebene, die ebenfalls unter dem Spiegel des Meeres, und mit kleinen verwitterten, gebräunten Kalksteinchen überschüttet ist. Sie ist ohne alle Vegetation und hat zahlreiche Zeugen. Diese Ebene zeichnet sich übrigens gleichfalls, wie die eben passirten Rhart-Dünen durch Brunnenlosigkeit aus, und so wie die Sandgegend, ist dieser feste Boden mit Gebeinen von Todten übersäet. So passirten wir am 29. April, wo wir ebenfalls immer östliche Richtung hielten, das Grab der

7. Modjabra und etwas weiter eine Oertlichkeit, die einen Namen von 70 dort verschmachteten Sklaven hatte.

Nach einem sechstägigen Marsche erreichten wir denn endlich einen Brunnen bir Tarfaya. Aber welch ein Wasser! Der Geschmack desselben war ähnlich, als ob man Glaubersalz und Bittersalz darin aufgelöst hätte, und die Wirkung war eine nicht minder drastische. Aber was war zu thun, nach dem sechstägigen Marsche war unser Wasservorrath vom Uadi auf, und vor der Ammons-Oase war auf kein eigentliches Süsswasser zu rechnen. Wir schlugen also Lager und suchten es uns so bequem wie möglich zu machen. Die Gegend war aber äusserst trostlos, das Plateau zu fern, um irgendwie durch seine steilabfallenden Ufer etwas Abwechslung zu bieten, und selbst die nahen Sanddünen langweiliger anzusehen als sonst in ihrem ewigen Einerlei.

Mein guter Humor war aber bald wieder hergestellt, die Leute hatten noch einen Schlauch entdeckt mit Wasser vom Uadi, und da sie freiwillig auf dasselbe verzichteten, konnten wenigstens ich und mein deutscher Diener noch für einige Zeit schwelgen. Der alte Staui und die übrigen Diener fanden das Tarfaya-Wasser auch sehr wirksam, nahmen jedoch die Folgen davon mit so fröhlicher Geduld auf, dass sie lachend erklärten, es wäre jetzt viel bequemer für sie sans culottes zu gehen, da sie dann der Mühe überhoben seien, fortwährend ihre Inexpressibles auszuziehen. Fortwährend ohne Uhr, da

sämmtliche Kinder Nürnbergs beim letzten Sandsturm
unwohl geworden waren, konnte ich die genaue Zeit nur
nach einer Sonnenuhr bemessen. Eine solche hatte ich
aufgestellt und in meinem Zelte auf dem Feldbette liegend, rief ich Bernhard (dem baierischen Gefährten):
„Seien Sie so gut und sehen Sie die Zeit ab.“ — Er
kam dann nach einer Weile mit der Uhr in der Hand:
„Då schauns selber nåch, a Bieruhr kenn i schon, åber
då kenn i mich nit aus.“ Er war dann ob meines La-
chens zuerst so verdutzt, dass er gar nicht verstand,
dass eine Sonnenuhr nur während des Sonnenscheines
zeigt. So hatten wir auch trotz der vielen Mühen und
Entbehrungen, welche die libysche Wüste mehr als jeder
andere Theil der Sahara im Gefolge hatte, manche hei-
tere Augenblicke. Eine grosse Annehmlichkeit war die
Anwesenheit Bernhards, der, als ein gebildeter, beschei-
dener Mensch, rasch die Eigenthümlichkeiten und Sitten
unserer halb rohen Diener erkannt hatte, und sich mit
Leichtigkeit in alle Verhältnisse zu schicken wusste.

Mit dem Brunnen Tarfaya hat die eigentliche Sahara
nach Osten und Norden ihr Ende, denn bis zum Orte
Siuah, hat man von hier eine ununterbrochene Hattieh
und das im Norden sich hinziehende Plateau bietet
wenigstens zur Winterzeit guten Weideboden. Unmittelbar im Süden erstrecken sich die Sanddünen, welche nur
Fortsetzung der Rhart-Dünen sind. Rechnet man nun
den Brunnen Tarfaya als äusserste Grenze der ehemali-

gen Oase des Jupiter-Ammon, so heben sich damit auch
alle Widersprüche über Entfernung vom alten Ammonium bis Audjila oder Fesan, und selbst die mancher neue-
ren Reisenden, welche die Grenzen Siuahs auf diese Art
unbestimmt gelassen haben. Von Tarfaya an stösst man
aber auf menschliche Bauwerke, die sich meistens als
Gräber in die steile Felswand des Plateaus hineinge-
arbeitet, kennzeichnen. Es ist also wohl anzunehmen,
dass im Alterthume auch diese Partie schon bewohnt war.

Um den Brunnen selbst findet sich nur die Alanda-
Staude, die zwar von den Kameelen abgeweidet wird,
aber deren sie doch bald überdrüssig werden, wie immer
einer Pflanze, wenn sie nur einzeln vorhanden ist.
Der Boden selbst ist gypsig und kalkig. Ganz in der
Nähe befindet sich ein ausgedehntes Salzlager, Gart el
milha genannt, wo ein Sebcha von einer Salzkruste bedeckt ist, welche manchmal 3—4″ Dicke hat. Es ist
wahrscheinlich von dieser Oertlichkeit, von wo im Alterthume das hochberühmte ammonische Salz gewonnen
wurde, welches die Priester des Ammon-Tempels als besonders weiss und gut hochstehenden Persönlichkeiten
zum Geschenke machten, und womit sie nebenbei Handel
trieben.

Verfolgt man nun weiter die Oase nach Osten[1]), so

---

[1]) Am 1. Mai, ½ Stunde in östl. Richtung, 2 Stunden in 80°,
1 Stunde in 110° und Lager bei Bir Bu Allua; am 2. Mai 8 St.

kommt man unmittelbar darauf in reichere Vegetation:
Domrahn, Had, Alanda und später einzelne Palmbüsche.
Ebenso wird die Gegend reicher an Fossilien, Seesternen,
Pectineen, Ostreen bedecken manchmal den Boden so
dicht, als ob man sie absichtlich hergeschüttet hätte.
Der Boden ist sehr abwechselnd, Sand, Sebcha, Kalk,
Kies wechselt mit einander, aber überall ist Vegetation.
Man erreicht dann die Oase Faradga, d. h. einen circa
4 Stunden langen, ½ Stunde breiten See, der südlich
vom Plateau liegt. An und in diesem Plateau hat Sidi
Snussi seine berühmte Sauya gegründet, die den Namen
Sarabub erhalten hat. Heutzutage residirt als Chef dieser religiösen Brüderschaft sein ältester Sohn, Sidi el
Mahdi in Sarabub. Ich habe früher an anderer Stelle
Gelegenheit gehabt, über die Bedeutung dieses Ordens
zu sprechen, und brannte natürlich vor Begier den Chef
selbst und namentlich das Kloster, von dem wir, am
Südende der Oase, an einer Oertlichkeit Namens Hoëssa
lagernd, nur circa 2 Stunden entfernt waren, kennen zu
lernen. Höchst wahrscheinlich hat Sidi Snussi zu seinem
ersten Wohnsitze alte Katakomben gewählt, wo ihm die
geheimen unterirdischen Gänge zu seinen Betrügereien
gut zu Statten kamen. Wunder, wie man sie zur Zeit

---

gelagert bei dem Sebcha Hoëssa; am 3. Mai 3 Stunden in östlicher
Richt. und 6 Stunden in 80° Richt. beim 2 St. langen Lueschka-See,
beim Necta-Sauya-See und beim über 3 Stunden langen el Araschich-
See vorbei, Lager in Gaigab.

Jesu Christi erzählte, passiren hier denn auch noch alle Tage, und werden mit derselben Leichtgläubigkeit, und mit derselben Vergrösserung von den heutigen Bewohnern colportirt. So lassen Sidi el Mahdi und vordem sein Vater das Essen für die zahlreichen Verehrer und Pilger vom Himmel herabsteigen, und obschon sich in der Umgegend von Sarabub keine Aecker und Felder befinden, sind die Speicher und Vorrathskammern immerwährend gefüllt. So trinkt Sidi el Mahdi das schönste Süsswasser, obwohl der Faradga-See vor der Thür der Sauya gelegen, vollkommen untrinkbares Wasser hat. Blinde, Lahme werden täglich geheilt, ja nach den Aussagen der frommen Verehrer Snussis sollen auch zahlreiche ehemalige Christen, jetzt durchs allmächtige Gebet des Snussi zum Islam bekehrt, sich in der Sauya aufhalten.

Ich war höchst traurig, dass mein Führer, der selbst zum Orden der Snussi gehörte, sich weigerte mich zu begleiten, und allein, ich gestehe es offen, wagte ich in dies Wespennest von semitischer Unduldsamkeit nicht einzudringen. So lagerten wir traurig beim Sebcha Hoëssa, freilich im Schatten von hohen Palmbüschen, aber die Wasserlöcher, die wir gruben, gaben zwar bei $1\frac{1}{2}'$ ein reichliches klares Wasser, aber so bitter, dass wir es kaum zum Kochen unseres Abendessens benutzen konnten. Wie anders, dachte ich dann, unter den Palmen liegend, war es einst hier, wo die Gesittung der Aegypter,

der Griechen und Römer herrschte. Wo man Religions-
kriege nicht kannte, und anders Denkende höchstens mit
dem Namen „Barbaren" belegte. Zu meiner Beschämung
musste ich dann aber gestehen, dass von den drei semitischen Religionen, die durch ihre Unduldsamkeit, durch
ihren Glaubenseifer soviel Unheil und soviel Blutver-
giessen über die Menschheit gebracht haben, ich meine
das Judenthum, Christenthum und der Mohamedanismus,
gerade das Christenthum sich am meisten durch Fanatismus
und Hass gegen anders Denkende ausgezeichnet hat. Wer
vermöchte alle die Opfer zu zählen, welche die christliche Liebe zur Ehre Gottes bei Katholiken und Prote-
stanten schon gefordert hat, und wenn heutzutage auch
nicht mehr gefoltert, verbrannt und gesiedet wird, wer
zählt die moralischen Opfer, welche unsere Religion der
Liebe und Duldsamkeit noch täglich fordert.

Ich stand also ab nach Sarabub zu pilgern, aber
wie leid that es mir, als ich später von den Freunden
Sidi el Mahdi's in Siuah erfuhr, er würde es hoch aufgenommen haben, falls ich zu ihm gekommen wäre, auf
alle Fälle würde ich nichts zu fürchten gehabt haben.
Es scheint also fast, dass der Fanatismus der Snussi
abgenommen hat, wie denn auch die Chuan Snussis in
der Ammons-Oase mich recht freundlich aufnahmen.

Man hat nun weiterreisend[1]), eine Reihe von Seen

---

[1]) Am 4. Mai, 6 Stunden in 160° Richt. und dann 3 Stunden
in S.-O.-Richt., Lager am Schiata-See; am 5. Mai, 8 St. in S.-O.-R.
bis Siuah.

zur Seite, die sich alle durch ihr tiefblaues Wasser, welches äusserst salzig ist, auszeichnen. Der bedeutendste davon ist der el Araschich mit einer Insel in der Mitte. Da nirgends Boote vorhanden sind, überdies der den See umgebende Boden Schchabildung hat, so hat Niemand bis jetzt diese kleine Felsinsel erreichen können. Dafür ist sie natürlich für die Bewohner Siuahs der Aufenthaltsort von Djenun (Geistern), die hier eins der Schwerter Mohammeds bewachen. Bei Gaigab stösst man auf die ersten Palmenwälder, deren Früchte von den Bewohnern Siuahs geerntet werden. Die Gegend wird nun immer reicher und die überall in den Felswänden sich befindenden Gräber zeugen von der ehemaligen starken Bevölkerung.

Von Gaigab geht der Weg nun ganz nach Süd-Süd-Ost um, man passirt zahlreiche Engpässe und erreicht dann den Schiata-See. Alle diese Seen sind ohne Fische, weil das Wasser zu salzig ist, aber entbehren doch nicht jeden Lebens. Eigenthümlich ist, dass die oft ins Wasser langenden hohen Sanddünen nicht vermocht haben, sie mit Sand zu überschütten, und gewiss ein guter Beweis, dass der Canal von Suez nichts von Versandung zu fürchten hat, denn wie gering ist die Sandanhäufung längs des Canals im Vergleich zu den hohen Dünen der libyschen Wüste. In dem Tamariskengebüsch, im Schilfe des Sees waren zahlreiche fast zahme Vögelchen, auch sahen wir hier die ersten Schwalben.

Die Gegend behielt denselben Charakter bis Maragi, wo wir auf die ersten menschlichen Wohnungen und Gärten stiessen. Beim Maragi-See ist auch eine Filiale der Snussi und eine sehr gute Süsswasserquelle, von der wir aber als anders Gläubige am Abend, wo wir dort campirten, nicht profitiren durften.

Am 6. Mai, dem letzten Tage unserer Reise zur Oase des Jupiter-Ammon, brachen wir früh um 6 Uhr auf, wir hatten im Ganzen nur noch 6 Stunden. Zahlreiche Leute, beladene Esel kamen uns entgegen, und als wir von weitem den grünen Palmwald erblickten, wurde Halt gemacht.

Die Jupiter Ammons-Oase.

So waren wir denn in der eigentlichen Oase ange-kommen, und lagerten bei den hohen Trümmern der Burg Masra[1]); der vierstündige Marsch hatte Menschen und Thiere so ermattet, dass diese, welche überdies in den letzten Tagen guten Weideboden gehabt hatten, sich

---

[1]) Masra sind die Ueberreste von zwei aus Steinen erbauten Thürmen, welche, durch eine Mauer verbunden, wohl aus der römi-schen Zeit herrühren, von einigen Reisenden für Amudeïn gehalten, liegen diese Ruinen weiter nach Nordwesten, dicht bei Bled· el Rum.

ruhig zwischen die Agolbüsche[1]) legten, die Diener aber
alle im Schatten des Thurmes schliefen. Doch war die
Hitze so gross, dass Alle von Schweiss trieften, und die
nackten Neger wie lackirt aussahen. Ich selbst hatte
mein Zelt derart schlagen lassen, dass es nur Schatten
warf, der Luftzug aber überall frei unten durchstreichen
konnte. Obgleich wir vom Hauptorte Siuah nur noch
einige Stunden entfernt waren, und es hoch aus den
Palmen östlich von uns emporragen sahen, hatte ich es
doch für nöthig gefunden, hier um 10 Uhr zu lagern, da
das Thermometer um jene Zeit schon 30 Grad angab:
wir mussten gielen, wie die Araber sagen, d. h. die
heisse Zeit vorüber gehen lassen.

Aber immer noch unsicher, wie man mich im Hauptorte aufnehmen würde, schickte ich den alten Staui
gleich weiter, und diensteifrig wie er jederzeit war,
machte er sich auch gleich auf den Weg. Er hatte den
Auftrag meine Ankunft anzuzeigen, Einkäufe zu machen
und um Quartier zu bitten. Mit seiner Doppelflinte auf
dem Rücken, sonst pflegte er sie nie zu tragen aus Be-
quemlichkeit, die Schuhe in der Hand, um sie nicht ab-
zunutzen, ging er von dannen, und versprach dicht vor
Siuah der Karawane entgegen zu kommen. Der Führer
deutete ihm noch genau den Weg an, was sehr nothwendig war, da Staui bei Tag nur halb, bei Nacht aber
fast gar nichts sah; er wollte dies zwar nie zugeben,

[1]) Alhagi Maurorum.

aber es war so auffällig, dass er es manchmal eingestehen musste, er meinte dann zwar immer, es sei ausnahmsweise auffallend dunkel.

Man hatte von diesem Punkte eine umfassende Aussicht, gerade östlich von uns waren die merkwürdigen Berge Amelal und Djari, mit steilen senkrecht aufsteigenden Wänden, weiterhin etwas zu Süden Siuah und in der Ferne Agermi, ganz im Süden Agolweiden, welche allmählich mit Sebcha[1]) und Dünen verschwammen, und im Westen war endlose Wüste. Von dem Berge Amelal, der eine Stunde von unserem Lagerplatze entfernt zu sein schien, thürmten sich Dünen auf, sie schienen bis an seinen Fuss zu gehen. Da sie hoch waren, beschloss ich sie zu ersteigen, denn die Hitze war im Zelte trotz des Luftzuges so unerträglich geworden, dass es kaum in der Sonne schlimmer sein konnte.

Gedacht, gethan! Ich rief meinem Landsmann, das Zelt zu hüten und zu wachen, und ging gerade auf die Dünen los, von denen eine etwa eine Viertelstunde breite Agolweide mich trennte. So rasch als es die Hitze erlaubte, zog ich von dannen, hatte bald den Sand erreicht, und war nach einigen Minuten oben. Aber welch überraschender Anblick bot sich mir: zu meinen Füssen fielen die Dünen, die nur einen schmalen Kamm bildeten, fast steil ab, und die lieblichsten Gärten, das saftigste Grün lag wie ein kleines Paradies vor mir. Nicht etwa

---

[1]) Sebcha ist See, Lagune.

Palmen, von diesen war hier keine einzige vorhanden,
meist waren es Oelbäume, aber von solch wundervoll
frischem Grün, dass ich sie Anfangs für Myrten hielt.
Murmelnde Bäche zogen sich zwischen den Gärten hindurch, freilich nicht breit und schnellfliessend, aber überall hin Segen spendend, und kräftig genug, um auch im
Hochsommer Alles frisch und ewig jung zu erhalten.
Die Gärten der Glückseligen! dachte ich, und vollkommen
konnte ich mir das Entzücken der Krieger Macedoniens
mitdenken, als Alexander sie nach dem beschwerlichen
Wüstenmarsch zu diesen reizenden Gefilden führte. In
Nordwest verloren sich die Gärten in Agolweiden, im
Osten waren Sebcha, dahinter Palmen, ebenso im Südwesten. Am Fusse des Amelal war eine mit Salz be-
deckte Sebcha, wie eine Insel schien dieser merkwürdige
Berg daraus hervorzuragen.

Ich war unentschlossen, was ich thun sollte, nur von
einem Diener begleitet, der meine Doppelflinte trug,
hatte ich ausserdem nur einen Revolver bei mir, und
konnte natürlich nicht wissen, wie mich die Besitzer der
Gärten, welche meiner Meinung nach zu Siuah gehören
mussten, empfangen würden. Aber altes Gemäuer, welches ich inmitten der Gärten aus dem Gebüsch hervor-
lugen sah, entschied; ich ging rasch hinab, und köstlich
balsamische Lüfte, kühlender Schatten unter grossblätt-
rigen Feigenbäumen, waren mein erster Lohn. Ueber
Gräben hinwegsetzend, in denen reichlich klares Wasser

rieselte, durch üppige Klee- und Kornfelder, alle natürlich im Schatten der dichtlaubigen Feigen, Apricosen,
Granaten und Oliven, dahineilend, waren wir bald in der
Nähe der Ruinen. Hier lag unter einem Gerüste, welches
zum Trocknen von Früchten diente, und nur aus vier
Pfählen und einem Strohdache bestand, im kühlen Schatten ein Mann, offenbar der Besitzer des Gartens und der
Ruine. „Allah iaunik, Gott helfe Dir," rief ich ihm zu,
absichtlich vermeidend ihm ein Ssalam zu geben, da
fanatische Mohammedaner von Christen nicht gerne ein
Ssalam entgegen nehmen. Diese Vorsicht wäre indess
nicht nöthig gewesen. Mit einem „Allah slemtik, grüss
Dich Gott," war er auf den Beinen, und nachdem die
hergebrachten Begrüssungen nun endlich vorüber waren,
und wir uns gegenseitig wenigstens zehnmal versichert
hatten, dass wir Gottlob beide gesund wären, sagte er:
„also Du bist der Christ oder dessen Diener, den wir
erwarten." Letzteres sollte offenbar eine Anspielung auf
meine Tracht sein, die allerdings sehr einfach war: lei-
nene Hosen, Hemd, Hut und Stiefeln. Und nach seinen
und aller Leute in Siuah Begriffen, musste der Christ,
welcher ihnen durch Ismael Pascha so dringend war
empfohlen worden, ein furchtbar mächtiger und reicher
Christ sein, also schöne Kleider, schöne Zelte, schöne
Pferde und viele Diener haben. Als ich ihm sagte, ich
sei es allerdings, schien er etwas enttäuscht zu sein.
Ich sagte ihm dann, dass mein Zelt, mein Diener und

Kameele hinter den Dünen wären, und als auf seine fer-
nere Frage, ob die Kameele mein Eigenthum wären,
dies bejaht wurde, schien ich wieder in seiner Achtung
zu steigen.

„Nun sei willkommen,“ sagte er, „und trinke zuerst
von unserem gesegneten Wasser.“ Er holte dann selbst
aus einem antiken Stein eine Kumme mit Wasser, setzte
sie an seinen Mund, und nachdem er getrunken, reichte
er sie mir. Das war ein köstlicher Trunk, süss und
kalt. „Omar,“ rief er dann, „bring Datteln von den
gequetschten!“ Gleich darauf kam ein kleiner kränklich
aussehender Knabe, sein Sohn, mit einem Strohteller
voll Datteln. Obgleich ich erst gefrühstückt hatte, musste
ich doch, so wollte es die Sitte, einige Mundvoll Dattel-
teig essen; mein Neger Bu Bekr langte desto besser zu.
Erst nachdem ich gegessen, fing er dann an zu fragen:
wo ich herkomme, was ich wolle, warum ich hier in den
Garten gekommen, warum der Vicekönig meinetwillen
nach Siuah geschrieben habe etc. Nachdem ich seine
übrigens ganz natürliche Neugier befriedigt hatte, dachte
auch ich Recht zum Fragen zu haben, und erfuhr nun
zuerst, dass ich hier im Ort Chamisa sei, dass sie Siuahner seien, aber ausser Abstammung und Sprache nichts
mit ihnen zu thun haben, dass noch sieben andere Familien in Chamisa wohnten, und sie in allem mit Sklaven 43 Männer zählen, mit Frauen, Sklavinnen und Kindern aber etwa 100 Bewohner ausmachten.

Ich erfuhr nun jetzt erst, dass der Ort, wo wir lagerten, Masra heisse (mein Führer, der des Weges kundig war, wusste in der Oase selbst gar nicht Bescheid, und hatte die Ruine zuerst Bled el Rum, dann Amudeïn genannt), und nun fragte ich nach dem unter dem Namen Bled el Rum [1]), bekannten dorischen Tempel, dessen bei Browne, Hornemann, Caillaud, Hammilton u. a. gedacht wird. Sehr freundlich erbot er sich, mich selbst nach den Ruinen Bled el Rum hinzuführen. In nordwestlicher Richtung durch die Gärten fortgehend, und überall auch von den anderen Grundherren freundlich aufgenommen, rief er ihnen nur im Vorbeigehen zu: „Das ist er, er ist endlich gekommen," und schien ordentlich stolz zu sein mir als Führer zu dienen. „Wir erwarteten Dich alle Tage," fügte er hinzu, „aber ich konnte nicht denken, dass Du unseren Ort zuerst besuchen würdest." Auf meine Frage, ob die Siuahner mich gut empfangen würden, sagte er: „wenn sie wüssten, Du wärest hier, würden sie schon herausgekommen sein, um Dich zu holen, denn unser Herr (Sidina oder Effendina, diesen Titel gaben die Eingebornen dem Vicekönig

---

[1]) Ich schreibe absichtlich bled el Rum und nicht bled er rum, im Arabischen geschrieben wechselt das el nie, wird aber häufig vor einem mit r, s, oder n anfangenden Worte er, es, en ausgesprochen. Indess vor r als einem l sehr verwandten Tone, bleibt es häufig in der Aussprache, so Harun al Raschid, nicht Harun ar Raschid. Oft aber wird er gesprochen Wohllauts halber, wo man el erwarten sollte, so sagt man nicht stafr el Lah, sondern stafr er Lah.

von Aegypten) hat ihnen mit einer Extra-Abgabe gedroht, wenn Dir das Geringste in ihrem Gebiete zustosse." Nun glaubte ich in dieser Beziehung ganz ruhig sein zu können, denn der Mann hatte ja kein Interesse mich zu täuschen. Wir hatten bald das Ende der Gärten erreicht, deren Vegetation überall gleich üppig war, und nach einer kleinen Stunde zwischen Agolkraut und dann Sebcha, sahen wir am Fusse des Gebirges Bled el Rum vor uns. Dies waren die Reste wirklich, welche zuerst von Browne unter dem Namen eines dorischen Tempels bekannt wurden, und von allen anderen Reisenden ebenso beschrieben worden sind. Nur St. John macht hiervon eine Ausnahme, und sagt: die Ruine von Bled el Rum ist eine Nachahmung des Tempels von Umma beida; damit hält er es doch wohl offenbar für ein ägyptisches Bauwerk, was es auch in der That ist. Denn es ist wohl kaum anzunehmen, dass in der Jupiter Ammonsoase die Griechen zu einer so frühen Zeit gewesen sind, wo bei ihnen der Tempelbau gänzlich ohne Säulen geschah, jedenfalls würde man den Pronaos wohl mit zwei Säulen geschmückt haben. Hier aber ist das nicht der Fall. Nicht nur, dass überhaupt der ganze Tempel massenhafte Mauern fasst, ist er unverhältnissmässig lang, zeigt eine andere Abtheilung mit grossem Eingang und zwei seitlichen Fenstern (diesen Theil kann man als Pronaos bezeichnen), dann eine hintere lange Kammer durch eine Wand mit Thür von der vordern getrennt.

Der ganze hintere Theil aber, die Cella ist zerstört bis
auf den ersten an den Pronaos stossenden Theil. Das
ganze Gebäude ist über 60′ auf 15′, wie man aus den
Umrissen erkennen kann. Hammilton, der drei Abtheilungen erkannt haben will, und auch die äusseren Mauern als rein dorisch angiebt, hat andere Zahlenverhält-
nisse; worauf er dieselben basirt, konnte ich nicht herausfinden. Nur die Höhe von 18′ und einigen Zollen,
und die Breite der deckenden Steine am Eingange des
inneren Zimmers, von einer Wand zur anderen, wie die
in Umma·beida, stimmen mit den meinigen. Von diesen
colossalen Decksteinen, welche das glatte Dach des Tempels bildeten, liegen nur noch zwei. Es unterliegt nach
dieser Beschreibung also wohl keinem Zweifel, dass der
Tempel Bled el Rum ägyptischer Herkunft ist. Hieroglyphen oder sonstige Inschriften waren nirgends zu
entdecken, sollen auch, wie mein Begleiter mir sagte,
nie dort gefunden worden sein.

Nachdem wir eine Zeit lang im Schatten der Deck-
quadern gerastet hatten, traten wir den Rückweg an,
ohne von den zahlreichen Katakomben, welche in den
Felswänden sich befinden, eine zu besichtigen. Dieselben sind ohne Verzierungen und ganz leer. Unser Weg
ging wieder zu den Gärten, brachte uns diesmal zur
Hauptquelle, welche inmitten der Gärten von Chamisa
liegt, und sprudelnd aus der Erde wie alle die andern
auch, hervor fliesst. Von einem runden aus Quadern

aufgeführten Gemäuer umgeben, hat sie fünf gleich starke Abflüsse, um nach verschiedenen Richtungen hin die Gärten zu durchwässern. Dem Geschmacke nach war das Wasser vollkommen süss, und hatte wahrscheinlich, ich hatte leider kein Thermometer bei mir, dieselbe Temperatur wie die andern Quellen. Früher müssen die Gärten bedeutend umfangreicher gewesen sein, wahrscheinlich waren die umgebenden Agolfelder und die Sebcha bis Bled el Rum alle Gartenland. Aber ohne Frage ist dies der fruchtbarste Theil der ganzen Oase, nur hier gedeihen Orangen und Limonen, in langen Guirlanden rankt der Wein von Baum zu Baum wie in Norditalien, Oliven, Feigenbäume, Granatbüsche, Quitten und Aepfel (diese kleiner und verkrüppelter Art), Pfirsiche, Aprikosen, Pflaumen und Mandelbäume bilden ein ununterbrochenes Laubdickicht.

Wir waren bald bei der Behausung meines Mannes wieder angekommen, und ich bat nun mir seine Wohnung zu zeigen, was er auch mit Bereitwilligkeit that; aber der grosse längliche Bau, dessen Mauern noch circa 6 Fuss hoch aus der Erde ragten, aus regelmässig behauenen Steinen aufgeführt, bot im Innern nichts als eine bequeme Benutzung der Räumlichkeit, welche durch andere Thonwände und Laubscheiden in Zimmer, Höfe und Stallung für Vieh eingerichtet waren. Der Eingang schien auf der langen Seite gewesen zu sein, welche gegen Süden gerichtet war, denn hier fand man sie im der Mitte durchbrochen, alle andern Seiten zeigten keine Spur eines Einganges, sondern das ursprüngliche Gemäuer. Es ist wohl kaum anzunehmen, dass ein derartiges Gebäude eine Privatwohnung war, aber auch ein Tempel dürfte es schwerlich gewesen sein, vielmehr ein anderes öffentliches Gebäude oder ein Schutzwerk dieser vorgeschobenen Gärten.

Da ich gar nichts bei mir hatte, was ich dem guten Manne, der mich so freundlich geführt hatte, hätte bieten können, so forderte ich ihn auf, uns zu unsern Zelten zu begleiten, was er auch bereitwilligst that. Mein Führer aber war bei unserer Rückkehr gar nicht zufrieden, dass ich ohne ihn nach Chamisa gegangen war, wie er auch früher schon nicht wollte, dass Staui vorausgeschickt wurde, sondern selbst gern Bote gewesen wäre. Er glaubte, mich als ein willenloses Werkzeug in seiner Hand zu haben, wollte den Beschützer herausbeissen, und das um so mehr, je mehr wir uns dem gefürchteten Orte näherten. Unterwegs hatte ich mich allen seinen Anordnungen gefügt, aber ihm jetzt gezeigt, dass er weiter nichts als Wegweiser sei, und ich seiner Rathschläge und seiner Vermittelung mit den Eingebornen nicht bedürfe. Reichlich beschenkt, half unser neuer Freund aus Chamisa unsere Kameele laden, und um 4 Uhr Nachmittags, als es schon anfing kühler zu werden, nahmen wir Abschied von ihm und setzten uns in Bewegung.

Der Weg führte abwechselnd durch Grasbüschel, Agolkraut und Sebcha, und südöstliche Richtung haltend, hatten wir links einen glänzenden Salzspiegel. Nach einer Stunde ging dieser in ein offenes Wasserbecken über, von zahlreichen Enten und Gänsen belebt, und wir selbst befanden uns jetzt zwischen niedrigem Palmgebüsch, aus dem allmählich hohe und schlanke Palmen wurden, und bald sahen wir uns auf gleicher Höhe mit den Gärten. Wir hatten im Ganzen nur zwei Stunden bis Siuah, von denen die erste Stunde in S.-O., die letzte in O.-N. zu machen. Als wir uns aber der Stadt so weit genähert hatten, dass wir unter den Wällen die Leute mit blossem Auge erkennen konnten, liess ich halten. Es kam mir verdächtig vor, dass Staui, der einen vierstündigen Vorsprung hatte, nicht zurückgekehrt war, um uns einzuholen. Wir befanden uns in einer sandigen Ebene, wo hie und da hohe Palmen, hie und da Palmbüsche standen; da wo wir hielten, konnten wir den ganzen Ort sehen und gesehen werden. Als aber nach abermaligen 10 Minuten Niemand aus dem Orte kam, gingen wir etwas seitwärts zu einer Gruppe hübscher Bäume, liessen die Kameele knieen, abladen und schlugen Zelte. Und nachdem dies geschehen war, liess ich den Führer in die Stadt gehen, um die Ursache zu erfragen, warum Staui nicht zurückgekommen sei.

Leute, welche von aussen kamen und zur Stadt gingen, andere die nach der Bearbeitung der Gärten

herauskamen, gingen bei uns vorüber, ohne irgend etwas
zu sagen. All dies kam mir so sonderbar vor, dass ich
schon zu fürchten anfing, die fanatische Partei hätte
vielleicht die Oberhand bekommen und es durchgesetzt,
mir den Aufenthalt in Siuah zu verbieten, wie das wiederholt mit früheren Reisenden der Fall gewesen war.
Es dunkelte schon als der Führer zurückkam; mit Angst
und Zagen war er hingegangen, freudestrahlenden Ant-
litzes kam er zurück: der Gatroner und er seien sehr
gut empfangen worden, sagte er, und ersterer sei schon
längst aus der ˙Stadt zurückgekehrt, müsse sich aber
wohl seiner Halbblindheit wegen verlaufen haben, die
Schichs, fügte er hinzu, würden es gerne sehen, wenn
Du noch diesen Abend zur Stadt kämest. Das ging nun
freilich nicht mehr, es war zu dunkel, um zu packen,
überdies war es 8 Uhr Abends geworden.

Ich lag schon auf meinem Feldbette und wollte gerade das Licht auslöschen, da es 10 Uhr Abends geworden war, als ich Pferdegetrappel hörte und lautes
Rufen von Menschen. Aufspringen und mit dem Revolver aus dem Zelte stürzen, war eins, aber im selben
Augenblicke kam auch schon der Führer auf mich zu-
gelaufen und rief: „Alle Schichs kommen, um Dich zu
begrüssen.“ Gleich darauf waren sie denn auch vor
den Zelten und drängten sich am Eingange des meinigen zusammen. ˙Dasselbe konnte höchstens drei Perso-
nen fassen, weil Bett und Kisten fast den ganzen Raum

einnahmen. Ein junger Schich, kaum 18 Jahre alt, kam
zuerst herein und nahm unaufgefordert Platz (ich merkte
daraus gleich, dass er einer der vornehmsten Persönlichkeiten von Siuah sein musste), zwei andere ältere
folgten und setzten sich ihm gegenüber, während die
andern sich vors Zelt hockten, wohin Teppiche gelegt
waren. Die drei im Zelte befindlichen Schichs waren
reich gekleidet mit Kahiriner Stoffen, namentlich hatte
der junge Schich Hammed die neuesten Seidenstoffe mit
echter Goldverzierung an. Nachdem wie gewöhnlich die
Ssalamat und Begrüssungen recht lange gedauert hatten,
riefen alle ein Willkommen; dann zog Schich Hammed
einen Brief aus den Falten seines Turbans und ihn mir
reichend, sagte er: „Mein Bruder Omar (dies ist gegen-
wärtig der mächtigste der Schichs von Siuah, und auch
der am besten in Kairo angeschriebene), erster Schich
der Lifaya, hat, nachdem er lange auf Dich gewartet
hat, abreisen müssen, nun hat er diesen Brief für Dich
zurückgelassen und mir befohlen (bei den Mohammedanern gehorcht, sobald der Vater todt ist, der jüngere
dem älteren Bruder) Dir Gastfreundschaft zu erzeigen.
Ich habe nicht bis morgen warten wollen, und als die
andern Schichs erfuhren, ich sei aufgebrochen, Dich zu
begrüssen, wurden sie eifersüchtig und sind mitgekom-
men, wenn sie aber nichts gemerkt hätten, wären sie
sicher nicht gekommen.“ Ein grosser Lärm entstand,
die andern riefen „Lügner, wir wollten den Christen zu-

erst besuchen, und Du hast Dich uns angeschlossen." Im Augenblick sah ich, dass die alte Feindschaft zwischen Lifaya und Rharbyin noch immer existire. Ich beschwichtigte rasch, indem ich dankte und sagte, Alle wären mir gleich willkommen; „Gott allein sieht in Eure Herzen," fügte ich hinzu, „und nur Er weiss, wessen Herz weiss oder schwarz ist." Ich hatte glücklich so die Rivalität gedämpft, obgleich sich die Rharbyin gedemüthigt fühlten, als nun Schich Hammeds Diener ein fettes Schaf, einen grossen Korb voll Reis, einen Sack mit Datteln und Zwiebeln hereinbrachte, und hinzufügte, dies sei sein und seines Bruders Gastgabe. Ich dankte für die Aufmerksamkeit, und suchte dann eine allgemeine Unterhaltung in Gang zu bringen. Die Schichs fingen an sich zu entschuldigen wegen ihres Benehmens gegen Hamilton, und versuchten namentlich, und auch wohl nicht mit Unrecht, alle Schuld auf die Lifaya zu schieben. Hammed sagte dann vor Zorn erröthend: „Die Zeiten sind heut anders, wir haben den Vapor (Eisenbahn) und Eisendraht (Ssilk, so bezeichnet man den Telegraph) in Aegypten kennen gelernt. Wenn vor 10 Jahren unsere Väter in Aegypten das gesehen hätten, was wir jetzt sehen, so wäre alles das nicht vorgefallen, aber ma scha Allah kan, was Gott will geschieht," schloss er mit des Propheten Worten.

Endlich sagte ich der Versammlung (man hatte schon Kaffee genommen und sass wenigstens eine Stunde), ich

sei müde und wünsche zu schlafen. Die Schichs erhoben
sich nun auch sogleich, sagten aber, sie würden draussen
bei meinem Zelte schlafen, denn sie seien für mich ver-
antwortlich, deshalb hätten sie auch gleich ihre Teppiche
mitgebracht. Ich sah jetzt erst, dass jeder einen Teppich bei sich hatte. Auf mein Erwidern, dass ich dies
nicht leiden würde, sondern vollkommen auf den guten
Sinn der Siuahner vertraue, wollten sie nicht hören, erst
auf meine Erklärung, dass, falls sie zu bleiben bestünden,
ich aufpacken und meinen Lagerplatz weiter zurück verlegen würde, zogen sie von dannen, mit dem Versprechen,
mich am folgenden Morgen feierlichst einzuholen.

Und so kam es denn auch; am andern Morgen ganz
früh waren Alle wieder da und noch viele Neugierige
mit ihnen. Nach schnellem Packen ging es dann vor-
wärts nach Siuah, zwei Schichs voraus zu Pferde (in der
ganzen Oase sind nur 4 oder 5 Pferde), dann ich und
mein bayerischer Diener je zu Kameel, endlich die andern Kameele mit siuahnischen Eseln von ihren Eigen-
thümern geritten und Fussleute, und gewiss alle Kinder
des Ortes. Auch der alte Staui hatte sich Morgens
wieder eingefunden, in seiner Blindheit war er im Dun-
keln vom Wege gekommen, und der arme Teufel hatte
die ganze Nacht ohne Nahrung am Fusse einer Palme
zubringen müssen, bis in der Früh ihm Siuahner den
Weg zu unserm Lagerplatz zeigten. Natürlich wurde
viel Pulver verbrannt, und meine Diener machten mit

ihren Doppelflinten und Revolvern auch nicht wenig
Lärm. So gings zwischen den beiden Anhöhen durch,
von denen die eine terrassenförmig bis oben mit Häusern bebaut ist und den Lifaya gehört, indessen die
andere, dicht westsüdwestlich von diesem gelegen und
am Fusse bebaut, von den Rharbyin bewohnt ist. Dann
nach Norden biegend, erreichten wir das Kasr oder
Schloss, welches die Wohnung des Mudir, Rathhaus und
Gefängniss für ganz Siuah ist. Hier wurden wir einquartiert, und da der Mudir gerade in Alexandrien war,
uns die ganze obere Etage, welche gute und luftige Zimmer hatte, zur Verfügung gestellt. Während wir noch
mit unserer Einrichtung beschäftigt waren, kam denn
auch der Kahdi, aber ich merkte, dass sein Besuch ein
vollkommen erzwungener war, jedenfalls nicht aus freiem
Antriebe erfolgte, ich kürzte denselben denn auch so
rasch wie möglich ab, froh endlich einige Augenblicke
Ruhe zu haben.

Also war ich da in dieser hochberühmten Oase, welche
zu sehen ich mich schon lange gesehnt hatte, diesen ge-
heimnissvollen Fleck, der die Ursache so vieler Opfer
gewesen war, welcher so reiche geschichtliche Erinnerungen wach rief. Noch vor 6 Monaten in der Hauptstadt der Intelligenz unserer Zeit, befand ich mich jetzt
an dem Orte, wo vor mehr als 2000 Jahren die damals
bekannte Welt sich Raths erholte, an der Stelle, wo
der grösste Krieger seiner Zeit sich „Sohn des Zeus"

anreden hörte! Oft glaubte ich zu träumen, aber ein Blick aus meinem Fenster auf die unzähligen Katakomben sagte mir dann, Alles ist Wahrheit, Du bist wirklich an der heiligen Stätte des Jupiter Ammon. Da vor Dir sind die stummen Zeugen, welche die Reste derer beherbergten, auf deren Worte Könige und Völker lauschten, während jetzt ihre Knochen, von rohen Barbaren umhergeschleudert, in der Sonne bleichen, und langsam durch den ewigen Kreislauf aller Dinge sich auflösen, um in die ewige Natur zurückzukehren.

Die Gründung des ammonischen Orakels geht bis in die vorgeschichtliche Zeit zurück, die ältesten Nachrichten darüber finden wir bei Herodot. Diodor und Curtius geben uns eine ausführliche Beschreibung der schon bestehenden Oertlichkeiten, und in der neuesten Zeit finden wir in O. Parthey's trefflicher Abhandlung über die Jupiter Ammons-Oase Alles erschöpfend niedergelegt, was Ursprung, Bedeutung, Geschichte des Orakels und des ehemals und jetzt dort lebenden Volkes anbetrifft. Demnach steht es nun unzweifelhaft fest, dass sowohl die Stadt Ammon[1]), als auch die Ruinen des Orakels ägyptischen Ursprungs sind. Wie früh überhaupt der Ruf des Orakels verbreitet war, geht daraus hervor, dass Krösus von Lydien sich dort Raths erholte. Cambyses wollte das Königreich der Ammonier zerstören, aber sein ganzes Heer wurde durch Wassermangel

[1]) Die meisten römischen Schriftsteller schreiben Hammon.

und heisse Landstürme aufgerieben. Erst durch den berühmten Zug Alexanders wurde die Lage des Orakelortes und die örtliche Gestaltung desselben ans Tageslicht gezogen, denn selbst Herodot weiss über die Lage noch nichts Bestimmtes anzugeben.

Wir wissen schon von den Alten, und durch die neuesten Reisenden ist dies bestätigt, dass es in der Oase zwei Tempel des Jupiters Ammon gab, von denen der eine grössere unmittelbar neben der Akropolis selbst stand, der andere kleine nicht fern von jenem neben dem Sonnenquell in einem Palmhaine gelegen sein soll. Obgleich nun schon Minutoli die äussere Mauer des grossen Tempels in Agermi bemerkt hatte, sie aber, weil er nicht ins Innere dringen konnte, für blosses Mauerwerk hielt, namentlich Hirt darauf aufmerksam machte, dass Umma beida nur der kleine Ammonstempel sein könne (dagegen fälschlich den grossen nach Siuah hin verlegt haben wollte), so hielten doch alle neuern Reisenden von Browne bis auf St. John den Umma beida-Tempel für den grossen. Erst Hamilton machte zuerst die wichtige Entdeckung des grossen Tempels in Agermi, der alten Akropolis, indem es ihm gelang, in das Innere selbst hineinzudringen. Hamilton hält nun zwar das Gebäude selbst für die Akropolis, allein schon aus seiner eigenen Beschreibung geht hervor, dass wir es mit einem Tempel zu thun haben. Nach ihm der erste Europäer, der Siuah wieder besuchte, kann ich, was derselbe über

die Grossartigkeit dieser Baulichkeit sagte, nur bestätigen, und glücklicher wie er, konnte ich wenigstens die
Copien von einigen Hieroglyphen mit heim bringen.
Schmutz, Rauch, Dunkelheit des ganzen Raumes, und
namentlich die Durchbauung des ganzen Tempels mit
Häusern verdeckten zwar die Hauptsache, oft war auch
sogar eine Colonne absichtlich zerstört, indem man die
erhabenen Hieroglyphen abgehauen oder die Bilder ver-
kalkt hatte, indess konnte unser berühmter Aegyptolog
Brugsch aus den ihm vorgelegten Abzeichnungen erkennen, „dass die Texte in altägyptischer Schrift abgefasst
sind, dass sie sich auf eine Reihe männlicher Gottheiten
beziehen, die, nach den erhaltenen Kronen zu urtheilen,
Ammon und den widderköpfigen Harschaf, den Arsaphes
der Griechen, darstellten, dass endlich die Texte Reden
jener Gottheiten enthalten, die sich an einen Gott wen-
den, welcher Ur-testu, das ist Grosser der Völker, genannt wird. Dies Epitheton beweist, dass der König
ein nicht einheimischer war, sondern einer fremden Dy-
nastie angehören musste." Der Name der Oertlichkeit
scheint leider nicht genannt, wenigstens war Brugsch
nicht im Stande etwas daraus zu erkennen, so dass die
Frage über die altägyptische Benennung des Tempels
immer noch eine offene bleibt. Hoffentlich gelingt es
mit Unterstützung der ägyptischen Regierung einem späteren Forscher die Bewohner, welche sich ihre Häuser
in den Tempel gebaut haben, zu vermögen, dieselben zu

verkaufen und abzubrechen, bei dem jetzigen guten
Geiste der Bevölkerung würde dies ohne Zweifel mit
einigen Geldopfern zu bewerkstelligen sein.

Was das Bildniss des Ammon anbetrifft, so liegen
darüber abweichende Berichte vor; nach Curtius brachten die Macedonier die Nachricht zurück, es gleiche
einem Nabel ringsum mit Smaragden und Edelsteinen
besetzt. Es wurde in Procession von Priestern in einem
vergoldeten Schiffchen herumgetragen. Silberne, an beiden Seiten herabhängende Schellen klingelten, und alte
Weiber und Jungfrauen sangen herkömmliche Weisen
dazu. Diodor, ohne des Nabels zu erwähnen, macht dieselbe Beschreibung wie Curtius, Arrian sieht das als
Fabel an, er weiss, dass der Jupiter Ammon als widderköpfig abgebildet wird. Auffallend ist nun aber, dass
nach den neuesten Forschungen der ägyptische Ammon
nie widderköpfig abgebildet wird, sondern Knepf oder
Chnubis. Jedenfalls ist wohl anzunehmen, dass das
Bild anders im Allerheiligsten des Tempels, wohin nur
die geweihten Priester dringen durften, dargestellt wurde,
als wie man es ausserhalb dem grossen Publikum zeigte.
Alexander trug nach seinem Besuche bei Ammon häufig
als Helmschmuck Widderhörner, und auch derartige
Münzen liegen vor. Möglich, dass Alexander, da er im
Allerheiligsten war, das wirkliche Ammonsbild zu sehen
bekam. Chnubis, Knepf und Ammon werden übrigens
nach Brugsch häufig verwechselt. Im kleinen Tempel

von Umma beida findet sich ein grosser Marmorblock,
der auf allen vier Seiten einen grossen menschlichen
Kopf mit Widderhörnern zeigt. Dies kann möglicherweise der Sockel gewesen sein, auf dem die Statue des
Jupiter Ammon stand. Der Kopf selbst, eine scheuss-
liche Fratze von Doppelmenschen-Grösse, soll wohl kein
eigentliches Bild des Ammon sein, hat aber jedenfalls
Bezug darauf. Das Widderhorn und der Widder mussten überhaupt bei den alten Ammoniern eine grosse Rolle
spielen, Beweis davon der kleine in Bab el medina, eine
Stunde südwestlich von Siuah, gefundene Marmorwidder,
jetzt in Berlin auf dem Museum.

Wenn wir zur Zeit Alexanders das Ammonsorakel
den grössten Ruhm geniessen sahen, so dass es sich mit
denen von Delphi und Dodona in jeder Beziehung mes-
sen konnte, so bemerken wir andererseits, dass es zur
Zeit Christi nur noch wenig mehr cultivirt wurde. Die
Römer scheinen überhaupt nie grosse Vorliebe für dieses
Orakel gehabt zu haben. Wir finden, namentlich durch
die griechischen Bewohner Cyrenaica's gestiftet, verschiedene dem Ammon gewidmete Tempel auf der Nord-
küste von Afrika, ebenso auch in Griechenland selbst,
aber in Italien wird uns von einem solchen nichts über-
liefert.

Mit der Christianisirung von ganz Nordafrika hörten
die Ammonstempel in der Oase auch auf heidnische Gotteshäuser zu sein, wahrscheinlich wurden sie in Kirchen um-

gewandelt. Zur Zeit des Christenthums in Afrika, wurde
Siuah [1]), wie die anderen Oasen (Uah) als Verbannungs-
ort benutzt, und als im 7. Jahrhundert die Araber über
Nordafrika sich ergossen, fiel es dem mohammedanischen
Cultus anheim.

Die Nachrichten der arabischen Schriftsteller Edrisi,
Abu'l Feda, Ebn el Wardi und Jakuti sind sehr vage,
sie führen den Ort unter der Benennung Santariat auf,
wenn aber Ritter meint, dass erst Wansleb im Jahre 1664
zuerst den Namen Siwah als gehört aufgebracht habe,
so finden wir diese Benennung neben Santariat auch
schon bei Makrisi erwähnt. Heute ist jede Erinnerung
an Jupiter Ammon bei dem Volke verschwunden, nicht
so die von Alexander und Santariat. Der letzte Name
Santariat, findet sich in alten in der Oase aufbewahrten
Deftas [2]), und als ich Umma beida besuchte, sagten mir
unaufgefordert meine Begleiter, dass dieses Gebäude von
Iskender (Alexander), demselben der Skendria [3]) gegründet, erbaut wäre. Wenn wir nun auch wissen, dass
Alexander·beide Tempel schon erbaut vorfand, so geht
doch daraus hervor, dass eine Erinnerung an ihn sich
von Generation zu Generation fortgepflanzt hat.

Politisch war seit den ältesten Zeiten die Oase wohl
immer in einer Art von Abhängigkeit von Aegypten. Ob

[1]) Man sollte eigentlich Si-Uah schreiben.
[2]) Chroniken.
[3]) Alexandria in Aegypten.

Herkules zum Ammon gekommen, sowie Semiramis, ist
nicht festzustellen. Sicher ist aber, dass die Vertrei-
bung der Juden aus dem Lande der Pharaonen mit auf
Rath des Ammon geschah, und dann bieten geschichtliche Anhaltspunkte: der Zug des Kambyses und Alexanders, Lysanders und Hannibals Rathfrage, der Besuch
Kato des Jüngeren u. a. Nach Herodot unter eigenen
Königen, dann den Persern unterworfen, beugten die
Ammonier sich freiwillig vor den Macedoniern. Unter
den Ptolemäern und Römern scheinen sie ein mildes
Joch gehabt zu haben, und die Könige der Ammonier,
unter denen wir wohl die Oberpriester des Tempels verstehen müssen, genossen schon ihrer grossen Heiligkeit
wegen einer gewissen Berücksichtigung. Plinius rechnet
das Orakel zu Cyrenaica, und geographisch zählt Hie-
rokles die Ammons-Oase zu den sechs Städten Libyens,
während Lukan und Silius Italicus den Tempel als einen
Tempel der Garamanten bezeichnen; andere noch rech-
neten die Oase zum Gebiete der südlich von Cyrenaica
hausenden Asbysten.

Die Ammonier scheinen freiwillige Abgaben gegeben
zu haben, so wissen wir, dass zur Zeit der persischen
Herrschaft die Perserkönige nur ammonisches Salz, das
im Alterthum hochberühmt war, auf ihrer Tafel duldeten,
und dass dies nebst dem Wasser des Nils einen Theil
des Tributs ausmachte.

Im Jahre 1150 für immer dem Koran anheim ge-
fallen, blieb die Oase dennoch unabhängig, bis Mehemed
Ali 1819 dieselbe unterwerfen liess, und seit der Zeit
unter Beibehaltung seiner Schichs der Ort einen jähr-
lichen Tribut an Aegypten zahlen musste. Nicht zufrieden damit, empörten sich die Bewohner zu wiederholten
Malen, versetzten aber im Jahre 1853 ihrer Quasiunab-
hängigkeit den Todesstoss durch die schlechte Behand-
lung, welche sie dem englischen Reisenden Hamilton
widerfahren liessen. Gleich darauf von Said-Pascha mit
einer Soldatenmacht überzogen und durch eine ausser-
ordentliche Abgabe gebrandschatzt, ist Siuah seit der Zeit
integrirender Theil Aegyptens und bildet jetzt ein Mu-
dirat, mit Beibehaltung der eigenen Schichs, die indess
nur Familienangelegenheiten zu ordnen haben.

Uns Europäern wurde die Oase zuerst durch Browne
wieder entdeckt im Jahre 1792, und sechs Jahre später
war es ein Deutscher Namens Hornemann, welcher durch
die Mittel der afrikanischen Gesellschaft von London,
mit Unterstützung Napoleons, der zu der Zeit in Aegypten
war, die berühmte Oase erreichte. Belzoni, der unge-
führ zwanzig Jahre später reiste, und zwischen 1815 und
1819 die kleinen Oasen westlich vom Nil besuchte, ist
nie in Siuah gewesen. Er glaubte in dem Brunnen der
Oase El Kasr den Sonnenquell entdeckt zu haben, der
im Alterthum seiner abwechselnden Temperatur wegen
bekannt war, und den Belzoni bei der Quelle El Kasrs

wahrzunehmen glaubte. Quellen, die ein solches Täu-
schungsgefühl hervorrufen, giebt es fast in allen Oasen
der Wüste, am bekanntesten ist ausser der Sonnenquelle
die grosse Quelle von Rhadames. Erst 1819 erreichte
Butin, ein französischer Officier, Siuah, entging mit ge-
nauer Noth dem Tode, um ihn bald nachher in Syrien
zu finden, wo er ermordet wurde. Gegen Ende desselben Jahres kam Cailliaud nach der Oase, er durfte Umma
beida besuchen und constatirte zuerst die tiefe Lage des
Thales.

Als dann im selben Jahre Mehemet Ali Siuah durch
Schamaschirgi Bey unterwerfen liess, begleiteten diesen
der französische Generalconsul Dovretti von Alexandria,
ausserdem der Ingenieur Linaud de Bellefonds, Ricci
und der Maler Frediani. Von einer Truppe von 1500
bis 2000 Mann unterstützt, kann man sich denken, dass
sie Alles besichtigen konnten, dennoch kamen sie nicht
in den grossen Tempel von Agermi; ungehindert aber
konnten sie Umma beida, Amudeïn, Bled el Rum und
den See Araschich besichtigen, Jomard hat ausführliche
Beschreibungen davon gegeben.

Minutoli besuchte im Auftrage des Königs von
Preussen die Oase im folgenden Jahre, und erreichte,
da er sich einer guten Aufnahme zu erfreuen hatte, die
besten Resultate, seine Ansichten von Agermi und Siuah
sind noch heute so ähnlich, als ob die beiden Oerter
sich gar nicht verändert hätten. Minutolis Begleiter,

Ehrenberg Hemprich u. a. fanden aber, da der General inzwischen zurückgekehrt war, so schlechte Aufnahme bei den Einwohnern, dass sie nichts ausrichten konnten. Erst 1847 wurde die Jupiter Ammons-Oase dem Publikum wieder ins Gedächtniss gerufen durch die Reise des Engländers Bayle St. John von Aegypten aus, der mit einigen Gefährten die Oase besuchte, aber auch mit grossen Widerwärtigkeiten zu kämpfen hatte, hervorgerufen durch den glühenden Hass und Fanatismus der Eingebornen gegen jeden Europäer. Hamilton endlich war es 1853 vorbehalten den grossen Tempel des Jupiter Ammon zu entdecken, obwohl er in demselben nur die Königsburg zu erkennen glaubte. Obgleich im Anfange mit Kugeln empfangen und lange Zeit gefangen, konnte er nachher unter dem Schutze ägyptischer Soldaten frei umhergehen, und alles Interessante untersuchen. Seit seiner Zeit ist den Europäern die Oase geöffnet; denn durch eine Extracontribution, durch Soldateneinquartierung, und durch die Bestellung eines Mudirs, wurde der Trotz der Eingebornen gebrochen. Und wenn Hamilton fühlte und sagte, dass seine Leiden und Entbehrungen zukünftigen Reisenden die Thore von Siuah öffnen würden, so hatte er vollkommen Recht, nicht nur ist er der Wiederentdecker des grossen Tempels des Jupiter Ammon, sondern auch der Schlüssel zur Oase für die späteren Reisenden gewesen.

Die Lage des Ortes Siuah bestimmte Browne zu
29° 12' und einigen Sekunden nördl. Br., die Länge zu
24° 54' östl. v. Gr. Cailliaud giebt dieselbe zu 29° 12,
20" nördl. Br. und 23° 46' östl. L. v. P. an. Auf der
Petermann'schen zehnblättrigen Karte finden wir gleiche
Maasse, ebenso auf der Karte, welche der Partheyschen
Abhandlung über die Jupiter Ammons-Oase beigegeben
ist. Ehrenberg auf seiner Karte verlegt es 29°30' nördl.
Br. und circa 26° 15' östl. L. v. G. Gruoe bestimmt die
Breite des Umma beida-Tempels 29° 9' 52" nördl. Br.,
Pacho auf seiner seinem Werke Cyrenaique etc. beige-
gebenen Karte hat 29° 12' und einige Sekunden n. Br.
und circa 23° 50' östl. L. v. P. Auf der Minutolis Atlas
beigegebenen Karte finden wir gleiche Lage, wie bei
Cailliaud angegeben, Kiepert endlich hat 29° und einige
Minuten nördl. Br. und circa 43° 50' östl. L. F. [1]) Da
alle diese und noch viele andere nur auf die Bestim-
mungen von Browne und Cailliaud fussen, die Peter-
mann-Hassensteinsche [2]) Karte aber diese Lage durch
Itinerare unterstützt, so müssen wir, bis anderweitige
Messungen ein anderes Resultat ergeben sollten, uns an
diese halten. Alle weichen ja auch nur wenig von einander ab. Was die Höhe des Ortes betrifft, so haben

---

[1]) Mir steht nur eine alte Ausgabe von Kieperts grossem Atlas
zu Gebote.

[2]) Nach Hassenstein dürfte übrigens wegen der von Beurmann
bestimmten westlicheren Lage von Audjila auch Siuah weiter nach
Westen zu liegen kommen.

darüber die Alten schon Andeutungen gegeben. Aristoteles sagt mit klaren Worten, dass die Oase des Jupiter Ammon tiefer gelegen sei als Unterägypten, andere Schriftsteller, wie Eratosthenes von Cyrene und Strabo, erkennen, dass die ganze Gegend von Jupiter Ammon unter dem Meere gewesen sein müsse. Erst in der Neuzeit fand Angelot, ein französischer Geolog, aus dem von Cailliaud beobachteten hohen Barometerstand, dass die Oase circa 33 Meter tiefer als das mittelländische Meer liege. Meine eigenen, auf 23 zu verschiedenen Tageszeiten angestellten Barometerbeobachtungen fussenden Messungen ergaben für Siuah eine mittlere Tiefe von 52 Meter.

Die Oase gehört also zu der grossen nordafrikanischen Einsenkung, welche sich ohne Unterbrechung von der grossen Syrte bis nach Aegypten hinzieht. Die Grösse der Oase variirt sehr, so dass man, wenn man nicht verschiedene Gesichtspunkte berücksichtigt, auf die grössten Widersprüche zu stossen glaubt. Schon im Alterthum herrschte darüber Verwirrung. Browne giebt die Länge der Oase auf sechs engl. Meilen (2½ St.), die Breite auf 4½ bis 5 engl. Meilen (circa 2 St.) an. Minutoli rechnet die Länge des fruchtbaren Terrains auf über 2 deutsche Meilen, die Breite beträgt nach ihm nie über ½ Meile. St. John giebt dem fruchtbaren Lande eine Länge von 5 engl. Meilen, eine Breite von 3—4 Meilen. Das ganze Oasenthal von Muley Yus bis Edras

Amelal ist nach ihm 15 bis 17 engl. Meilen lang. Die Sache liegt einfach so, dass wir annähernd genau die Länge der Oase bestimmen, aber die Breite ohne wirkliche Messung nicht einmal schätzen können. Diese ist nämlich, was das fruchtbare Terrain anbetrifft, wie in allen langgestreckten Oasen so verschieden, oft nur einige Schritte breit, oft zwei Kilometer, dass, wollte man eine durchschnittliche Breite angeben, man sich ein ganz falsches Bild von der Oase machen würde. Dazu kömmt noch, dass man zur Oase ebenso gut den ersten Anfang von Vegetation, welcher schon beim Brunnen Tarfaya beginnt, und weit im Osten von Siuah als Hattieh sich fortsetzt, rechnen kann, oder nur eine engere Oase annehmen, welche im Westen bei Maragi anfängt und im Osten bei Muley Yus endet. Letztere hat eine Längenausdehnung von circa 4 deutschen Meilen, derart, dass die Richtung von Maragi bis Siuah fast von N.-W. nach S.-O., die von Siuah nach Muley Yus von S.-W. nach N.-O. streicht. Von zahlreichen Sebcha und Hattieh unterbrochen, finden sich hier die Palmengärten, von denen indess keiner in der Breitenrichtung mehr als 2 Kilometer Ausdehnung hat.

Am Südrande des steilabfallenden, aus Kalkstein bestehenden sogenannten libyschen Küstenplateau gelegen, ist die Oase im Süden von nicht hohen Sanddünen begrenzt. In der Oase selbst liegen mehrere steile Felsen, von denen der Amelal und Djari in W. z. N. R. von

Siuah, und davon zwei Stunden entfernt, als zwei grosse senkrechte Zeugen bei einer Höhe von circa 100 Meter die bedeutendsten sind. Der Dj. Muta, 1 Kilometer nördlich von Siuah, dieser Ort selbst, Agermi, endlich Dj. Hammed ½ Stunde S. z. W. vom Hauptorte, und der fünfköpfige Dj. Brick eine Stunde südöstlich von Siuah, sind andere derartige Zeugen.

Das Terrain, ursprünglich salzig und sebchaartig, ist durch die zahlreichen süssen Quellen, von denen es in der Oase über 30 giebt[1]), in dem Bereiche dieser Quellen culturfähig geworden. Die berühmteste von allen, aber nicht mehr die ergiebigste (diese ist in Chamisa, auch die Mosesquelle ist stärker), ist Ain hammam, Taubenquelle, welche wir noch heute nach alten Ueberlieferungen die Sonnenquelle nennen. Sie hat ungefähr 110 Schritte im Umfange[2]), am Grunde bemerkt man Mauerwerk. Sie besitzt nur einen Hauptabfluss, der sich hernach in verschiedene Arme und nach verschiedenen Richtungen zerspaltet. Nach Diodor hatte der Sonnenquell seinen Namen daher, weil die Temperatur des Wassers in umgekehrtem Verhältnisse zur Sonnenwärme stand; nach den Aussagen der wissenschaftlichen Begleiter Alexanders, war der Sonnenquell Mittags kalt, Mitternachts

---

[1]) Makrisi giebt sogar an es seien über 40.

[2]) Minutoli: Längsdurchmesser 60, Breitendurchmesser 20 Schritte, was wohl auf einem Irrthum beruht, da der Born fast vollkommen rund ist.

heiss, und Morgens und Abends lau. Wenn so die Alten.
ihre Beobachtungen auf das blosse Gefühl beim Eintau-
chen in das Wasser stützend, allgemein die abwechselnde
Temperatur als eine ausgemachte Thatsache annahmen,
und die wunderlichsten Erklärungen darüber gaben, so
ist es zu verwundern, dass sowohl Minutoli als auch Gruoc
noch an eine allen physikalischen Gesetzen widerspre-
chende variirende Temperatur glauben konnten. Bayle
St. John und Hamilton. die übrigens nur einmal Gelegenheit fanden, bei Tageszeit ihr Thermometer in den Sonnenquell zu tauchen, fanden ersterer 84° F., letzterer
85° F. Meine zu allen Tageszeiten und Nachts gemachten Beobachtungen ergaben unveränderlich 29° C. [1]), nur
einmal um 2 Uhr Nachmittags bemerkte ich eine Erhö-
hung um 0,5°, was sehr wohl auf die hohe Lufttempera-
tur um die Zeit geschoben werden kann. Meine Beobachtungen stimmen also mit denen der beiden Engländer
sehr gut. Bei allen andern Quellen, namentlich bei Ain
mussa und Ain ben Lif, welche einer öfteren Untersuchung unterzogen wurden. bemerkte ich gleichen
Wärmegrad. Den Eingebornen selbst ist über eine
wechselnde Temperatur der Quellen nichts bekannt, wohl
aber schreiben sie einigen Quellen, namentlich der Ain
Hendeli gewisse Heilkräfte zu. Obgleich, namentlich wenn
man das Salzwasser in der Wüste gewohnt geworden ist,

---

[1]) Die Quelle zu Rhadames hat ungefähr dieselbe Temperatur.

von angenehmem Geschmack, ist das Wasser der Quellen
salziger als das unserer Flüsse. St. John, welcher Wasser aus dem Sonnenquell mitbrachte, und untersuchen
liess durch Price, fand die Dichtigkeit des Wassers zu
1,0015 [1]), die der Themse zu 1,0003. In 100 Theilen
enthielt das Sonnenquellwasser 0,23950 (das Themse-
wasser enthält 0,032932) solide Theile, und davon waren
gemeines Salz 0,1615. Es ist kein Grund vorhanden,
dass die andern Quellen anders zusammengesetzt sein
sollten, denn alle dringen wohl aus einer und derselben
unterirdischen Süsswasserschicht, hervorgepresst durch
den Druck vom libyschen Wüstenplateau. Alle zeigen
auch dieselbe Erscheinung des Blasenaufsteigens, als ob
das Wasser siede, und haben in dieser Beziehung die
grösste Aehnlichkeit mit dem Quell in Rhadames.

Die meisten grösseren Quellen haben eine künstliche,
runde Quadereinfassung, bei vielen gut erhalten. Namentlich sind die Ain Mussa und Ain ben Lif noch heute mit
so gut erhaltenen in Kreis gelegten Quadern und Kalk
umgeben, dass man glauben sollte, dass diese Bauten,
welche mindestens 2000 Jahre alt sind, gestern wären
angefertigt worden. Von Siuah aus liegt der Sonnenquell eine kleine Stunde östlich, Ain Mussa eine halbe
Stunde nordöstlich, Ain ben Lif, gleich südwestlich vom

---

[1]) Vatonne fand das Rhadamser Quellenwasser bei 15° Temperatur zu 1,00231.

Orte selbst, und Ain Hendeli am nordwestlichen Fusse des Dj. Brick.

Das Klima würde in der Oase des Jupiter Ammon gewiss ein sehr gesundes sein, wie überall in der Wüste Sahara, wenn nicht die vielen Sümpfe und Sebcha, die Vermischung von Süss- und Salzwasser, die darin faulenden organischen Stoffe, namentlich im Spätsommer, die schlimmsten Fieber hervorriefen. Freilich behaupten die Eingebornen dagegen unempfindlich zu sein, und glauben nur für Fremde sei jene Jahreszeit gefährlich, die grosse in Siuah herrschende Sterblichkeit aber, das ungesunde, fahle Aussehen der Kinder, beweisen zu Genüge das Gegentheil. Man wird nicht irren, wenn man die mittlere Temperatur in Siuah zu 25° C. und vielleicht noch einige Grade höher annimmt. Die tiefe Lage des Ortes, der Schutz, den das Plateau gegen Nordwinde gewährt, lassen eine höhere Temperatur als an andern Orten gleicher Breite leicht erklärlich finden. Der Himmel ist fast immer rein, nur Morgens kommen manchmal Nebel vom Mittelländischen Meere, Regen sind aber hier ebenso ausnahmsweise wie in allen andern Theilen der grossen Wüste.

Mit reichster Vegetation da bedeckt, wo die Süsswasserquellen [1] sind, ist die Hauptpflanze die Dattel-

---

[1] Natürlich alles Culturpflanzen, ausser der andern Wüstenvegetation fand ich in Siuah am Quell el Lif nur eine blühende Pflanze, nach Ascherson in Berlin eine Erythraea latifolia.

palme, wie in allen Oasen der Sahara, und auch an verschiedenen Sorten fehlt es nicht. Vor allen als vorzüglich werden die Sorten Sultani und Rhaselli gepriesen, und bilden selbst einen grossen Ausfuhrartikel nach Aegypten. Die Zahl der Dattelpalmen beträgt über 300,000, obschon die officielle Zählung bedeutend weniger angiebt. Das geht schon daraus hervor, dass in guten Jahren nach Minutoli bis an 9000 Kameelladungen, zu je 3 Ctr., gewonnen werden. An andern Bäumen ist vor allen der Oelbaum bemerkenswerth, der hier in ungesehener Pracht und Frische gedeiht. Doch werden die Palmen sowohl, als auch die andern Obstbäume von Zeit zu Zeit mit Agol gedüngt, welches, zu dicken Bündeln zusammengepresst, an die Wurzeln der Bäume gelegt wird. Nur in Chamisa gedeihen Orangen und Limonen, aber überall gleich üppig die Weinreben, Granaten, Aprikosen, Pfirsiche, Pflaumen und Aepfel (die Aepfel sind jedoch verkrüppelter Art). Was von den Alten noch an Bäumen erwähnt wird, als Cyperus-Arten, der Baum Elate und andere, wohlriechendes Harz gebende Bäume, so kommen dieselben heute in der Oase und der Umgegend nicht vor, und werden auch wohl trotz der guten Autoren des Alterthums früher nicht vorhanden gewesen sein, weil die klimatischen Verhältnisse ihr Wachsthum nicht zuliessen. An Gemüsen wird ganz dasselbe gezogen, wie in Audjila, aber obgleich hier culturfähiges Land genug vorhanden ist, und die Bewässerung sich fast ganz von

selbst macht, so reicht der Ertrag des Getreides lange
nicht für den Consum der Bewohner hin, und wie in
allen Oasen bildet auch hier die Dattel das Eintausch-
mittel. Die Bestellung der Gärten ist natürlich lange
nicht mit so grossen Schwierigkeiten verknüpft, wie in
den Oasen, wo durch das Heraufziehen des Wassers aus
Brunnen das Land bewässert werden muss, ausserdem
ist das Wasser der zahlreichen Quellen so reichlich, dass
auch nicht auf eine karge Abmessung der Zeit, wie beim
Quell von Rhadames oder bei den Fogorat in Tuat gesehen zu werden braucht. In der Jupiter Ammon-Oase
ist das Wasser verhältnissmässig so reichlich, wie in Ta-
filet und Ued Draa, kleine Bäche ergiessen sich nach
verschiedenen Richtungen aus den Quellen, und werden
dann nach Bedürfniss in die Gärten geleitet.

Das Thierreich ist ebenso spärlich, wie in den Aud-
jila-Oasen, Schafe und Ziegen werden von den nördlich
nomadisirenden Arabern eingeführt, Esel aus Aegypten,
einige Kühe werden draussen in den nordöstlichen Hat-
tien gehalten, da eine gefährliche Bremse, welche sich
in der ganzen nordafrikanischen Niederung aufhält, den
Thieren schädlich ist. Aus dem Grunde halten auch die
Siuahner keine Kameele, obschon die Agolweiden in der
Oase ausgezeichnetes Futter dafür abgeben. Diese Fliege,
welche auch in ganz Centralafrika vorkommt, ist grau
von Farbe, von der Grösse einer Honigbiene, und quält
Menschen und Thiere gleichviel; der Stich erzeugt auf

der Stelle Blutung, aber keine Anschwellung; sie ist jedoch nicht zu verwechseln mit der viel gefährlicheren Zetse-Fliege, welche so weit nach Norden zu nicht vorkömmt. Gross ist die Zahl der kleinen wilden Waldtauben, welche sich in den Oelbäumen und Palmen herumtummeln, und da diese besonders dicht beim Sonnenquell stehen, und so den Tauben willkommenen Schutz und Schatten bieten, haben die Eingebornen den Quell mit dem arabischen Namen „Ain el hammam" Taubenquell, belegt.

Als sonstiges Naturproduct haben wir nur noch des Salzes zu erwähnen, welches aus den Sebcha gewonnen wird. Im Winter sickert aus diesen sehr salzhaltiges Wasser auf die Oberfläche, und nach erfolgter Verdunstung bleibt im Sommer eine Salzkruste zurück, die an manchen Stellen die Dicke von mehreren Zoll erreicht. Das Salz krystallisirt in oft mehrere fingerdicke und fingerlange Stücke von schönster weisser Farbe zusammen. Das von mir mitgebrachte von Baeyer in Berlin untersuchte Salz aus der Ammons-Oase enthält 59,26 Proc. Chlor (reines Kochsalz enthält 60,66 Proc.) hat also ungefähr 97,5 Proc. Kochsalz. Ausserdem fanden sich Spuren von Magnesia und geringe im Wasser unlösliche Substanzen vor. Das im Alterthum auch schon in der Medicin bekannte sal ammoniacum ist nicht mit diesem zu verwechseln, dies wurde künstlich durch Destillation

aus Kameelmist gewonnen, während jenes ein Naturproduct der Oase des Jupiter Ammon ist.

Was das Volk anbetrifft, welches diese Wüsteninsel
bewohnte und bewohnt, so finden wir nur bei Herodot
die Nachricht, dass es ein Mischlingsvolk aus Aegyptern
und Aethiopiern, und auch seine Sprache eine zusammen-
gesetzte sei. Wenn dies nun zur Zeit Herodots der Fall
war, so änderte sich das wahrscheinlich im Laufe der
Zeiten. Der fanatische Islam hatte wahrscheinlich alle
Einwohner dahin gerafft. Im 12. Jahrhundert, sagt Edrisi,
existirten in den kleinen Oasen gar keine Einwohner,
aber Siuah schildert er mit Mohammedanern bevölkert.
Makrisi führt Santaria oder Siuah mit bloss 600 berberischen Einwohnern an. Und wenn wir heute die Einwohner classificiren sollen, so müssten wir sie ohne
Zweifel dem grossen Berberstamm beizählen, welcher sich
in der Wüste am reinsten in den Tuareg und in Nord-
afrika, am unvermischtesten am Nordabhange des grossen
Atlas, im Rif und im Djurdjura-Gebirge erhalten hat.
Die Sprache der Siuahner ist nichts als ein Dialect des
Tamasirht, und ohne Mühe macht sich ein Targi, ein
Rhadamser oder ein Atlasbewohner mit den heutigen
Söhnen des Jupiter Ammon verständlich[1]). Freilich fehlt

---

[1]) Uebrigens ist Jacksons Behauptung, die Ammonier seien vom
Sus her eingewanderte Leute, weil sie Schellah sprechen, ebenso un-
richtig, als wenn einer sagen wollte, die Bewohner vom Sus sind
Ammonier, weil sie Schellah reden. S. Jackson account of Tim-
buctoo. Lond.

den Bewohnern Siuahs jene männliche, fast griechische
Schönheit der Tuareg und Atlasbewohner, auch ist ihre
Farbe viel dunkler, ohne indess negerartig zu sein. Dies
hat aber lediglich seinen Grund in der starken Vermischung mit Negerblut, wovon sich Tuareg und Atlasbewohner enthalten. Aber alle andern Berber in der
Wüste, welche in Häusern wohnen, theilen dies mit den
Siuahnern in gleichem Maasse: die Uadjili, Soknaui,
Rhadamsi, Tuati, Filali und Draui sind durch ihre starke
Vermischung mit Negern hässlich geworden. Während
meiner Anwesenheit in Siuah sah ich mit Ausnahme des
jungen Schich Hammed, des Bruders Schich Omars, keinen einzigen Mann, von dem man auch nur hätte sagen
können, dass er hübsch gewesen wäre, von schön nicht
zu reden. Hervorstehende Backenknochen, wulstige Lippen, breite Nase, fast ebenso viele mit lockigen, wie mit
schlichten Haaren, schwarze stechende Augen, gebräunte
Hautfarbe bei fast magerem Körperbau, das ist das Bild
eines heutigen Siuahner. Aber ihre Sprache ist unver-
mischt die Berbersprache, soweit nicht der Islam und
einige andere Umstände sie gezwungen haben, arabische
Wörter aufzunehmen, wie das ja auch alle andern Ber-
bervölker, die den Koran angenommen, gethan haben.

Wie in allen mohammedanischen Oertern ist es auch
hier schwer, etwas Bestimmtes über die Zahl der Bevölkerung zu erfahren. Bei Minutoli werden 8000 Bewohner auf 6 Stämme vertheilt angegeben,- Hamilton, mein

Vorgänger, rechnet nur die Hälfte, 4000 Einwohner.
Dovretti hat für Siuah allein 2500 Seelen. Die Siuahner
selbst gaben mir die Zahl der waffenfähigen Männer auf
600 Mann und 800 männliche Sklaven für die ganze
Bevölkerung an, was eine Totalbevölkerung von 5600
Seelen ergeben würde. Von Haus aus fanatisch und un-
wissend, scheint namentlich in den letzten 10 Jahren ein
merkwürdiger Umschwung mit ihnen vorgegangen zu sein,
und hauptsächlich ist dies wohl den innigeren Beziehungen mit Aegypten zuzuschreiben. Die beiden Hauptstämme
Lifaya und Rharbyin haben derzeit als Schichs: die Lifaya einen gewissen Omar, die Rharbyin einen gewissen
Hallok, in Agermi ist zudem Mohammed Djari Haupt der
Eingebornen. Die Lifaya zerfallen in drei Unterstämme,
ebenso die Rharbyin. von denen der eine in Agermi an-
sässig ist. Natürlich ist, seit ein von Aegypten bestell-
ter Mudir die Regierung vertritt, die Macht der Schichs
eine sehr beschränkte, und berührt nur die intimsten
Angelegenheiten der Familie. Die Bewohner der Oase
verschmähen ebenso wenig den Genuss des Lakbi und
Araki, wie die übrigen Inselbewohner der libyschen
Wüste, nur verbergen sie den Fremden ihre Trunksucht,
und wenn man ihren Worten Glauben schenken wollte,
so hätte ein Siuahner nie Lakbi gesehen. Mit der Ehe
steht es daher auch nicht besser, und wenn Reisende
behaupten, Wittwen und Unverheirathete dürften nicht
in Siuah selbst wohnen, so ist das offenbar ein Miss-

verständniss. Der eigentliche Ort Siuah ist so eng gebaut, und die Häuser aus schlechtem Material so hoch,
dass gar kein Platz zum Weiterbau mehr vorhanden ist.
Auf diese Art sind Sebucha, Menschia und der Ort
im S.-W. von der eigentlichen Burg Siuah entstanden,
genau genommen sind dies jedoch nur Quartiere eines
Ganzen. Die reichen Bewohner kleiden sich sehr ele-
gant, nach Art der wohlhabenden Kahiriner Kaufleute;
der gewöhnliche Mann trägt sich wie in den andern
Oasen. Bei den Frauen ist durchweg die blaue Tracht
der Fellah-Frauen in Aegypten hergebracht, als eigenthümlich bemerkte ich, dass sie wie die Frauen in Centralafrika niederhocken und ihr Gesicht abwenden, sobald sie einem Mann begegnen.

Als Mohammedaner huldigen sie dem melekitischen
Ritus, und in der Sprache haben sie, unter sich Berbe-
risch sprechend, im Arabischen fast ganz den ägyptischen Dialect, im Schreiben jedoch halten sie sich an die
maghrebinische Schreibweise. Religiöse Innungen sind
drei vertreten: Snussi, Madani und Abd Salamin von
Mesurata. Die Snussi, die jüngstentstandenen, sind am
zahlreichsten.

Ausser dem schon erwähnten Orte Chamisa hat die
Oase als Hauptort Siuah, welcher in den kasernenartig
bebauten Berg und dem im S.-W. daran liegenden Stadt-
theil der Rharbyin zerfällt, endlich im Nordost, dicht
dabei Sebucha, auch von Rharbyin bewohnt, und noch

einen halben Kilometer weiter nach N.-O. der von Lifaya
bewohnte Ort Menschia. Der andere Ort im N.-O., eine
kleine Stunde von Siuah entfernt, ist Agermi, von Rharbyin bewohnt. In früheren Zeiten herrschte in der Regel
Krieg zwischen Agermi und der Burg Siuah, seit die
ägyptische Regierung festen Fuss hat, sind die Fehden
unblutiger Art.

Was den Handel Siuahs anbetrifft, so ist derselbe
gering, der Siuahner hat lange nicht den Unternehmungs-
geist der Modjabra, seine weitesten Reisen sind Alexandria und Kairo; nach Audjila oder Bengasi, nach Fesan
oder Sudan kommt er nie. Jedoch als Zwischenstation
von jeher wichtig gewesen, besitzt Siuah verhältnissmässig
viel Geld. Von einigen Producten führen sie nur Oel[1]
und Datteln nach Aegypten aus, und tauschen meist ihre
eigenen Bedürfnisse dagegen ein. An dem Sklavenhandel
betheiligen sie sich nur indirect, indem die Modjabra
hier gewöhnlich mit ihrem Trupp einen langen Aufenthalt nehmen, um die Sklaven wohlgenährt und fett auf
den ägyptischen Markt zu bringen. Die Einwohner verstehen nichts zu fabriciren, wenn man nicht Körbe, Teller
und Matten aus Palmzweigen und Bast dahin rechnen
will, wie sie in jeder andern Oase auch und besser ge-

---

[1] Das Oel ist ganz ausgezeichnet in der Ammons-Oase, und
kann trotz der rohen Zubereitungsweise an Klarheit und Süssigkeit
einen Vergleich mit den besten Sorten von Parma und der Provence
aushalten.

macht werden. Jedoch giebt es die hauptsächlichen Hand-
werker: Schlosser, Schmiede, Schuhmacher, Schneider,
Schreiner sorgen für die unentbehrlichsten Bedürfnisse
der Bewohner.

Die Abgaben, welche das ägyptische Gouvernement
bezieht, sind keineswegs übermässig gross, denn 10,000
M.-Th.-Thaler jährlich ist gewiss nicht zu viel für eine
Bevölkerung von 5—6000 Seelen mit so reichen Palm-
wäldern und Gärten wie diese Oase sie hat. Freilich
werden dabei auch noch wohl manche Nebenerpressun-
gen dreingehen: der Mudir verlangt seine Bakschisch,
der Kadhi spricht nur Recht, wenn man ihm so und so
viel unter seinen Teppich legt, aber das ist Norm in
allen mohammedanischen Staaten, und die Siuahner haben
keineswegs Grund mit der ägyptischen Regierung unzu-
frieden zu sein.

Wie ich schon angeführt habe, hatte man mich ins
Kasr einquartiert, welches nach Norden gelegen, unterhalb der Burg von Siuah, eine der besten Wohnungen
war; vor dem Hause befindet sich ein grosser ummauer-
ter Platz, in dessen hinterem abermals ummauertem Theile
die Dattelmagazine sich befinden, während in dem andern vordern Theile das zum Ausdreschen bestimmte
Getreide aufgespeichert liegt. In der Mitte steht eine
hohe Kuppel Sidi Slimans, eines in Siuah in grosser Ver-
ehrung stehenden Heiligen. Am ersten Tage verging
natürlich fast die ganze Zeit mit Besuchempfangen. Selbst

der fanatische Kadhi hatte für gut befunden dem Christen einen Besuch zu machen, aber mein Erstaunen wurde noch vermehrt, als auch der Mkaddem der Snussi zu mir kam, und sein Bedauern ausdrückte, dass ich nicht Sidi el Madhi in Sarabub (den Sohn und Nachfolger Sidi Mohammed Snussis) besucht habe. Als ich ihm erwiederte, mein Führer habe mir gesagt, und auch früher habe ich dies überall in Barca gehört, dass Sidi el Madhi keine Christen in Sarabub sehen wollte, und ich mein Leben, falls ich hinginge, riskiren würde, schwur er, dies sei eine böswillige Verleumdung, Sidi el Madhi würde im Gegentheil sich gefreut haben mir Gastfreundschaft erweisen zu können. Bald darauf wurde dann das Gastgeschenk hereingebracht, ein fetter Hammel, Datteln, Reis, Zwiebeln, Knoblauch und Tomaten, auch einige Körbe mit Brod fehlten nicht. Die Uebrigen erklärten, die Bewohner wünschten, ich möchte wenigstens 14 Tage ihr Gast sein, während der Zeit solle es mir an nichts fehlen, und um vor Zudringlichkeit geschützt zu sein, oder bei etwaigen Käufen nicht übervortheilt zu werden, stellten sie mir zwei Kavassen zur Disposition; namentlich, liessen sie mir sagen, sollte mir Alles gezeigt werden, was ich zu sehen wünsche.

Mein erster Gang war natürlich nach Umma beida, theils weil die aus den Palmen hervorragenden Ruinen von selbst schon einluden, theils weil gerade Nachmittags noch Zeit genug zu dieser Promenade vorhanden war.

Der Weg dahin läuft immer zwischen den schönsten
Gärten, und nach einer kleinen Stunde ist man an Ort
und Stelle. Nur von einem Diener begleitet und einem
Eingebornen, um den Weg zu zeigen, grüssten uns die
uns Begegnenden überall aufs freundlichste, viele schlos-
sen sich auch wohl eine Strecke Weges an, um etwas
zu plaudern und Neuigkeiten zu erfahren. Umma beida
oder der kleine Jupiter Ammons-Tempel ist heute schon
lange nicht mehr, wie ihn Minutoli und später noch St.
John gesehen haben. Der Thorweg, der von beiden beschrieben und von Minutoli auch gezeichnet wurde, exi-
stirt nicht mehr, nur vom hinteren Tempel stehen noch
die Seitenwände etwa 25' hoch und inwendig einen 16'
breiten Raum lassend. Die Länge der noch stehenden
Mauern ist 14' resp. 10', und überdacht ist das Ganze
von 3 colossalen Monolithen [1]), die auf der unteren Deck-
seite gut erhaltene, ausgebreitete Adler zeigen. St. John
will noch 10 andere Decksteine in Bruchstücken auf der
Erde liegen gesehen haben; ich bemerkte nur zwei und
einige Bruchstücke, welche zu zwei anderen gehört haben
mochten. Zu Browns Zeiten lagen sogar noch 5 Decksteine oben, Minutoli fand aber nur noch drei vor. Dieser Theil des Tempels, dessen hintere südliche Wand
fehlt, dessen Pronaos noch zur Zeit Minutolis vorhanden
war, jetzt aber auch verschwunden ist, hat an seinen

---

[1]) Minutoli: die Seitenwände 15½' Länge, 4' 8" dick, Höhe
von den Mäandern gerechnet 15', die Decksteine 5' breit, 3' dick.

inneren Wänden vollkommen gut erhaltene Hieroglyphen-
colonnen: an der östlichen Wand sind noch 53, von
denen die mittleren 47 ganz erhalten sind, an der west-
lichen Wand 52, mit 49 ganz erhaltenen Colonnen. Unten
aus kleinen Quadern gebaut, sind dieselben nach oben
zu grösser, und derart inwendig verkittet, dass durch
die Fugen der Schrift kein Abbruch geschieht. An der
Aussenseite scheinen nie Hieroglyphen gewesen zu sein,
und die Bilder sind gänzlich verwittert. Zwischen den
allegorischen Bildern oberhalb und unterhalb der Schrift-
colonnen bemerkt man noch an manchen Stellen die
ursprüngliche Farbe, besonders grün und blau, was sehr
dazu beiträgt, Bilder und Hieroglyphen hervortreten zu
machen. Die am südlichen Ende des Tempels sitzende
Figur des behornten Ammon, Huldigungen entgegenneh-
mend, von den mit Schakal- und Sperber-Köpfen ver-
sehenen menschlichen Figuren, ist das am besten Erhaltene. Tölken, der Minutolis Aufzeichnungen bearbeitete,
erkannte darin die Bezwingung feindlicher Gottheiten,
denen Ammon sich nach der Besiegung gnädig erzeigt,
sowie einen ganzen Zug Priester und heiliger Frauen,
und in der untersten Reihe den Tod des Osiris und die
Trauer um ihn. Dieser vollständige Cyclus heiliger Lehre
bildete so im Gotteshause selbst ein Lehrbuch für den
geistlichen Unterricht[1]).

---

[1]) Siehe Minutolis Reise zum Tempel des Jupiter Ammon etc.,
herausgegeben von Dr. E. H. Tölken, Berlin 1824.

Von der äusseren Umfassungsmauer ist nur noch die südöstliche Ecke, welche aus gewaltigen Quadern besteht, vorhanden, alles Uebrige ist verschleppt oder in den sehr morastigen Boden versunken. Nach Minutoli betrug die Umfangsmauer 77 Schritt in der Länge und 66 Schritt in der Breite, was mit meinen Messungen genau stimmt.

Der Tempel selbst ruht auf einem beinahe viereckigen Kalkfelsen, dessen obere Partie, ob Kunst oder Natur, grosse Alabasterquadern zeigt, in denen sich eigenthümlich krystallisirte Rosetten befinden, welche oft einen Fuss Durchmesser haben. Von unterirdischen Gängen ist jetzt nichts mehr zu sehen, obschon die Leute von geheimen Gängen nach Agermi und Siuah fabeln. Die Richtung des Tempels ist bei 15° Abw. genau 348°.

Der Sonnenquell liegt 1 Kilometer südlich von Umma beida inmitten von Palmgärten; da ich ihn schon oben beschrieben, sowie das Resultat der Messungen, die ich an jenem und den folgenden Tagen wiederholte, schon mitgetheilt habe, so brauche ich mich hier darüber nicht weiter einzulassen. Der Rückweg nach Siuah wurde über Agermi genommen, ohne jedoch den Ort selbst zu betreten, da für diese interessante Burg eine eigene Tagesfahrt bestimmt war. Früh am andern Morgen ging es dann bei der Tammagrat-Quelle vorbei, nach dem südöstlich etwa 1 Stunde entfernten fünfspitzigen Dj. Brick. Hier scheint man die Steine zu den Bauten des Tempels

9 *

gebrochen zu haben, auch befinden sich da mehrere regelmässig bearbeitete Felsengräber, wie die in Cyrenaica, einige sogar mit Säulen im Innern. Verschiedene Grabkammern lassen aus ihrer Grösse und den vielen Nebengemächern schliessen, dass sie ganzen Familien als Begräbnissstätte dienten. Sonst war jedoch von Bildwerken oder Inschriften nichts zu entdecken. Gleich am Fusse des Berges nordwestlich, entspringt die bei den Eingebornen im grossen Rufe stehende Quelle Hendeli, welche einst so stark gewesen sein soll, dass sie einen Bach bildete, welcher die Gärten bis Bab el medina und weiter bewässerte, auch sollen in der Tiefe grosse Schätze verborgen sein; jetzt ist sie nur mittelmässig stark, hat dieselbe Temperatur, und war von Geschmack ganz gleich dem Sonnenquell.

Während aller dieser Excursionen waren die Bewohner immer von der grössten Bereitwilligkeit; wenn ich ermüdete, war rasch ein Esel zum Reiten zur Hand, und namentlich liess Schich Hammed keinen Tag vorüber gehen, an welchem er nicht irgend ein kleines Geschenk brachte. Entweder schickte er Datteln oder Kuchen oder Eier, und schien absichtlich die Chikanen, welche sein Stamm Hamilton zugefügt hatte, an mir wieder gut machen zu wollen. Obschon er mich auf meinen Excursionen begleitete, musste er davon abstehen, Agermi zu besuchen, weil als Lifaya er dort keinen Zugang hatte. Vor circa 20 Jahren hatten nämlich die Lifaya sich Agermis durch Ueberrumpelung bemächtigt, und nur mit Hülfe der anderen Rharbyin gelang es den Bewohnern sich wieder in Besitz ihrer Burg zu setzen, seit der Zeit aber ist es keinem der Lifaya gestattet, Agermi zu betreten, etwaige Geschäfte werden vor dem Thore, in welchem immer eine Wache ist, abgemacht. Für mich waren keine Schwierigkeiten den Ort zu besuchen, und sobald ich am Thore war erkannt worden, bekam ich Einlass. Durch einen gewundenen engen Gang, der an mehreren Stellen abgeschlossen werden konnte, der manchmal überbaut war, und auf den auch die Djemma mündete, ging es aufwärts zu einem freien Platze, der fast die Mitte des oben glatten Felsens einnimmt, und um den herum die Häuser Agermis gebaut sind. Zuerst musste ich den Schich Mohammed Djari besuchen, welcher der reichste Mann der ganzen Oase sein soll; sein Haus war auch recht gut eingerichtet, drei Stock hoch und da wo wir hingeführt wurden, bildete das Zimmer eine Art Veranda. An beiden Seiten in demselben waren Divane von Thon mit Matten belegt, über welche syrische Teppiche gebreitet lagen. Nach dem Austausch der Höflichkeiten wurden Thee und Kaffee servirt und Neuigkeiten aufgetischt, dann kam hauptsächlich die Schatzgräberei aufs Tapet, denn die Eingebornen vermuthen, dass unter jedem alten Steine Gold und Silber verzaubert liegen muss. Mohammed Djari wachte übrigens genau darüber, dass seine Neger die Tassen vor-

schriftsmässig präsentirten und wieder in Empfang nahmen, und sicher nahm er es als ein grosses Compliment
entgegen, als ich ihm sagte, bei ihm sei Alles „türkisch".
Endlich konnte ich mich losmachen, und er gab mir
dann einen Kavas mit, der mir Alles zeigen sollte. Einem
anderen gewundenen und engen Gange folgend, bemerkte
ich gleich an einem Gebäude nördlich Grundmauern aus
Quadern, oben darauf war ein Stall, und nichts hinderte
meinen Eintritt: aber so viel ich auch suchte, es war
eben weiter nichts als die Grundmauer zu entdecken,
welche 2 Fuss hoch aus der Erde stand und von der
nur die eine Wand übrig zu sein schien. Nun nach
Westen gehend, kamen wir bald an das grosse Gebäude,
dessen äussere Mauer man zum Theil von aussen des
Ortes sieht, und dessen innere Wand theilweise auf dem
grossen Platz in Agermi zu sehen ist. Durch die Wand
führt ein gebrochener Weg gleich in einen Vorhof, dessen Dach aber gänzlich verschwunden ist, und welcher
15 Fuss lang und 10 Fuss breit ist. Nach Süden zu
aber verbaut von einem Hause, kann man den südlichen
Eingang nicht sehen, der jedoch in Form einer einzigen
grossen Thür vorhanden ist. Hieroglyphen sind hier
nirgends zu sehen. Durch zwei grosse ägyptische Thore
kommt man nach Norden in das Allerheiligste, welches
aber von Häusern ganz durchbaut ist. Die Thore,
18 Fuss hoch, kann man nur mittelst der Häuser passiren. Voll Rauch, Staub und Russ, entdeckte ich hier

jene Hieroglyphen und Bilder, von denen einiges zu copi-
ren nur mit Hülfe mehrerer Kerzen gelang, und wovon
ich oben das Resultat nach Brugsch mitgetheilt habe.
Die Leute zeigten auch hier den besten Willen mir Alles
sehen zu lassen. aber um vollständig befriedigt zu werden, hätte man ihre Häuser, welche den grössten Theil
der Wände bedeckten, wegbrechen müssen, und dazu
wollte sich natürlich Niemand verstehen. Jene Cella war
in ihren Dimensionen 24 Fuss lang auf 18 Fuss Höhe
und 18 Fuss Breite. Interessant war noch ein geheimer
Gang in der Dicke der östlichen, inneren Längsmauer.
Wie ich später sah, steht derselbe jetzt noch in Verbindung mit dem grossen Brunnen in Agermi. Derselbe
ist 2 Fuss breit, so dass gerade ein Mann darin gehen
konnte, und war wahrscheinlich der Weg vom Tempel
zum Brunnen, den die Priester ungesehen hinabgingen,
um am Wasser die zum Opfer bestimmten Gegenstände
zu reinigen. Der Brunnen selbst, auf der Südseite des
Platzes gelegen, ist durch den Fels gearbeitet, sehr ge-
räumig und tief, und von oben sieht man deutlich auf
einer kleinen Plattform den Tempelgang dicht oberhalb
des Niveaus des Wassers ausmünden.

Geht man dann vom Vorhof aus durch das die
südliche Wand schliessende Haus, so kommt man auf
eine Strasse und stösst alsbald auf eine grosse Mauer
aus colossalen Quadern, die eine Art von Brücke über
die Strasse bildet. Der Häuser wegen lassen sich auch

hier keine weiteren Nachforschungen anstellen, aber aller Wahrscheinlichkeit nach dürften dies Reste der alten Akropolis sein, während das vorhin beschriebene Gebäude mit zwei Abtheilungen dem grossen Tempel des Jupiter Ammon entspricht. Schon der Zusammenhang mit dem Brunnen mittelst des geheimen Ganges macht dies wahrscheinlich. Auch mit der Beschreibung der Alten, z. B. Diodor, von den Räumlichkeiten der Jupiter Ammons-Oase stimmt Alles. Nach ihnen war die heilige Quelle, und das ist der Brunnen, dicht bei dem Tempel gelegen. Anführen muss ich noch, dass von diesem Brunnen aus, der eine starke Quelle enthält, sieben Bäche aus dem Berge heraus nach aussen sich ergiessen. Die dritte äussere Umschliessungsmauer, von der bei den Alten die Rede ist, müssen wir jedenfalls wohl ausserhalb Agermi suchen, da der Raum nicht gross genug gewesen sein würde, um Platz für Soldaten und Diener, wofür er bestimmt sein sollte, aufzunehmen. Spuren von Mauerwerk fand ich später südwestlich von Agermi zwischen einigen Hütten, Tschücktschuck genannt, und diese könnten möglicherweise Reste der dritten Umfassung gewesen sein.

Es versteht sich wohl von selbst, dass ich meinen Besuch in Agermi wiederholte, aber dennoch, so oft auch alle Häuser, welche zugänglich waren, durchsucht wurden, war nichts zu entdecken. Gerade südlich von Agermi, kaum einen Viertel Kilometer entfernt, finden sich die Reste eines griechischen Tempels, seine Richtung ist von

Westen nach Osten, die Umrisse lassen sich nur aus den zum Theil aus dem Boden sehenden Quadern erkennen, zu Tage liegt sonst nichts als die Schafte zweier cannellirter Säulen. Die Schuttumrisse geben auf 18 Schritt Länge eine Breite von 14 Schritt: ursprünglich mögen aber die Verhältnisse andere gewesen sein, da dieselben eben nur durch Schutt und Anhäufungen zu bemessen waren.

In jenen Tagen erstand ich auch durch Kauf den interessanten Marmorwidder, sowie einige alte Münzen, welche in der Oase gefunden worden sind. Zugleich machte ich mich auf nach dem Orte, wo der Widder war entdeckt worden. Ungefähr 1½ Stunde S.-W. von Siuah gelegen, fand ich am Rande der Oase und der Dünen nichts als einen 12′ Quadrat grossen Schutthaufen, in dem einzelne Kalkquadern lagen. Möglicherweise kann hier ein Triumphbogen gestanden haben, worauf der Name bab el medina [1]) wenigstens hindeutet. Die übrige Zeit ging damit hin, die Oase nach allen Richtungen hin zu durchstreifen, Agermi, Umma beida und der Sonnenquell erhielten täglich einen Besuch, auch Ain Mussa, eine grosse schön ummauerte Quelle, auf selbem Wege zwischen Siuah und Agermi gelegen. Besonders auch unterwarf ich den Dj. Muta, Todtenberg, einer genauen Untersuchung, derselbe ist etwas nördlich von Siuah gelegen. Ungefähr 150′ hoch und an der Basis

---

[1]) bab el medina heisst Stadtthor.

einen Umfang von etwa 1500 Meter zeigend, ist dies gewiss die sonderbarste Grabstätte, die man auf Gottes Erdboden antreffen kann. Seit Jahrtausenden muss dies der gemeinsame Beerdigungsplatz der Bewohner der Oase gewesen sein. Hunderte von Gewölben, Löchern, Katakomben und Gräbern machen aus dem ganzen aus Kalkstein bestehenden Berg ein wahres Labyrinth, und es giebt darin Gewölbe, welche zur Aufnahme von hundert und mehr Todten hergerichtet waren. Spitz nach oben zulaufend, ist der Berg so durchlöchert, dass er einem Zellenbau gleicht. Hunderte, Tausende von zerrissenen Gerippen, ganze Haufen von Schädeln, oft noch gut eingewickelte Mumienglieder liegen am Fusse des Berges umher. Da ist auch kein Grab, welches nicht durchsucht, kein Gerippe, welches nicht auseinander gerissen worden wäre, um möglicherweise Ringe oder Schmucksachen an demselben zu entdecken. Ja, einige Gräber hatten offenbar in späteren Zeiten schon zu Wohnungen dienen müssen, russige Wände, Topfscherben uud Feuerstellen zeigten es deutlich. An der südöstlichen Bergkante wohnen noch jetzt einige arme Familien in den Todtengemächern, meine Begleiter sagten mir, es seien vor einigen Jahren aus Djalo eingewanderte Modjabra. Bemerkenswerth von all den vielen Gräbern war ein in der Mitte des Berges auf der Ostseite gelegenes: der Eingang mit Halbsäulen geschmückt, liess schon auf ein sorgfältig ausgehauenes Innere schliessen, und in der

That entsprach die innere Einrichtung ganz dem eleganten Aeusseren. Durch einen Vorhof gelangte man in eine geräumige Kammer mit zwei seitlichen Nebencabinetten, welche, wie die Hauptkammer sorgfältig ausgehauene Aufnahmestellen für die Todten hatten. In Manneshöhe zog sich auf blauem Grunde eine Epheu- oder Rebenblattguirlande in lebhaft grüner Farbe herum, und so frisch waren die Töne, als ob sie gestern wären gemalt worden. Im Hintergrunde der Kammer bemerkte man auch erhabene gemeisselte Figuren an der Wand, doch waren sie absichtlich so zerstört, dass sich nichts erkennen liess. Der unterirdische Gang, der von hier nach Agermi führen sollte, erwies sich, nachdem Licht gebracht wurde, als nichts anderes, denn unterirdische Grabhöhlen, welche sich von hier noch weiter ins Innere des Berges fortsetzten, dann aber mit einer Felswand ein Ende hatten.

Ich hatte während meiner Anwesenheit in Siuah nie davon gesprochen, den Ort selbst besuchen zu wollen, ich wusste, wie empfindlich früheren Reisenden gegenüber die Bewohner in diesem Punkte gewesen waren. Und wenn man vom mohammedanischen Standpunkte aus das Haus als etwas Heiliges, für Fremde Unzugängliches betrachtet, wird man das auch ganz natürlich finden. Nun ist aber Siuah selbst so zu sagen ein einziges Haus. Der konische Berg, aus dem es besteht, ist seit 1000 Jahren so eng überbaut worden, dass die Häuser ein

Ganzes bilden und alle eine Höhe von drei Stockwerken erreicht haben; wo nur noch Platz war, hat man gebaut, so dass sogar die Strasse mit Ausnahme einiger nach oben gelassener Luftlöcher ganz überbaut ist.

Als nun aber Hammed mich in den letzten Tagen fragte, ob ich noch etwas zu sehen wünschte, und ich erwiederte, ich glaubte Alles gesehen zu haben, während doch mein Blick, der auf Siuah ruhte, das Gegentheil verrieth, sagte er von selbst: „Ja, mit Ausnahme des Ortes, wenn Du aber hinein willst, will ich gleich ausrufen die Thüren zuzuhalten und die Weiber einzusperren." Man kann sich denken, mit welcher Freude ich den Vorschlag annahm, zumal nach den Erkundigungen St. Johns alte Baureste in Siuah sein sollten. Man hatte schnell die Frauen unter Schloss gelegt, und durch eine der vielen Thüren gelangten wir unter einem Hause durch bald in die grosse, aber auch überdachte Strasse, welche sich schneckenhausartig um den Berg bis fast nach oben hinaufzieht. Indess war es doch noch hell genug, um ohne Licht oder Fackel gehen zu können, manchmal aber die Strasse so niedrig, dass Achtung gerufen wurde, um nicht mit dem Kopf anzustossen. Von dieser grossen Strasse liefen radienförmig Gänge aus, nach aussen und innen. Mit Ausnahme der durch den Fels getriebenen Brunnen, es giebt deren vier in Siuah, welche davon zeugen, dass auch im hohen Alterthum dieser Punkt der Oase schon stark bewohnt war, ist indess nichts von altem Mauerwerk vorhanden. Oben am Ende der Spirale, denn das war die Strasse, angekommen, fand ich ein Haus; der Besitzer, ein alter Mann, war aber auch freundlich genug mich einzuladen, und bald befand ich mich auf dem Dache des höchsten Hauses von Siuah, hatte von hier aus den Blick auf alle Dächer, welche, wie Stufen nach unten abfielen. Ein herrlicher Rundblick eröffnete sich hier auf den Amelal-Felsen, auf das steile nördliche Ufer, auf die Palmgärten. auf Dj. Muta, Agermi und Umma beida, und nach Süden auf die endlose Fläche der Sahara. Dem alten Manne gab ich denn ein mehr als reichliches Bakschisch, das wird aber künftigen Reisenden auch wieder die Thür öffnen. Wenn ich somit in Siuah selbst auch nur ein negatives Resultat erlangt hatte, nämlich constatiren zu können, dass hier keine Ruinen irgendwelcher Art vorhanden sind, so bestätigt das andererseits um so mehr, in den auf Agermi vorhandenen Ruinen den grossen Tempel und die Akropolis mit vollem Rechte zu erkennen.

Während der ganzen Zeit meines Aufenthaltes hatten sowohl die Schichs der Lifaya, als auch die der Rharbyin gewetteifert mir ihre Dienste anzubieten, und um sich selbst herauszustreichen, hielten sie es fürs Beste sich gegenseitig zu verleumden. Ich hielt mich mit allen gut, Hammed aber, der sich gegen mich am uneigennützigsten und aufrichtigsten gezeigt hatte, beschenkte ich mit einem schönen weissseidenen Ueberwurf, einer Djibba oder Djelaba, welche von einem Stück angefertigt worden war, das von den in Tripolis verfertigten Burnussen für den Sultan von Bornu übrig geblieben war; aber auch alle Uebrigen wurden reichlich bedacht, um sie in ihren guten Gesinnungen gegen uns Europäer zu erhalten.

Und dann wurden am 11. Mai die Kameele vorgetrieben, beladen, und in Begleitung sämmtlicher Schichs und vieler Bekannten, während alles Volk auf der Strasse war, verliessen wir die Mestah oder den Dattelhof, und riefen den Siuahnern ein Allah ihennikum zu.

Von der Ammons-Oase nach Egypten.

Wir zogen selben Tages nur bis zum unfernen Agermi, von einer grossen Menge Leute aus Siuah begleitet. Zum letzten Male ging es nun vorbei an jenen sprudelnden Quellen, an jenen immer grünen Gärten. So mochten vor tausenden von Jahren auch die Pilgerschaaren heimgezogen sein, welche gekommen waren, um sich Rath und Frieden für das Gemüth zu holen. Seitdem die christliche Religion einzog, ging das Ansehn des Orakels der Ammonier unter, seit die Schwesterreligion des Islam sich festsetzte, wurde Alles, was daran erinnerte, vernichtet. Wenn ich daran denke, wie Mohammedaner und Christen es sich haben angelegen sein lassen, die Tempel und Gotteshäuser der Heiden einzureissen zur Ehre Gottes, und dann lese: (Ausland Nr. 18, 1870) „Zu solchen Stätten haben wir gewiss in erster Linie auch die altchristlichen Kirchen Roms zu zählen, jene ersten Gotteshäuser, welche die ewige Stadt mit ihren zahllosen Tempeln im weiten Umkreise umgebend, ihr mildes Licht in die Nacht des versinkenden Heidenthums hineinleuchten liessen, so fragte ich unwillkürlich, ob es Ironie oder Wahrheit sei. Ich dachte mir, hat man mit den Verdammungsartikeln, welche man 1870 vom St. Peter zur Ehre und Liebe Gottes schleudert, noch nicht genug. Klingt es in der That nicht, wie eine Parodie, wenn man im Jahre 1870 noch von der Liebe und Milde einer christlichen oder semitischen Religion redet, die allerdings Liebe und Demuth predigt, deren Lehren aber nun seit Tausenden von Jahren nur Schwert, Inquisition, Hexenprocesse und Verdammungsurtheile zur Folge haben. — Alexander d. Gr. liess sich im Tempel des Ammon doch nur zum Sohne Gottes proclamiren, der heilige Vater im St. Peter aber lässt sich im Jahre 1870 zum Gotte selbst ausrufen.

Wir waren bald am Fusse der alten Akropolis und schlugen unsere Zelte im Schatten der Dattelbäume nordwärts von Agermi. Alle Bewohner halfen aufs Freundlichste, so dass wir rasch damit fertig wurden. Ich besuchte sodann noch den Schich von Agermi, den grossen

Tempel, machte dem kleinen Tempel einen Abschieds-
besuch und setzte mich an den Sonnenquell. Hier kam
dann noch eine Deputation Lifaya, um sich speciell zu
verabschieden, und kehrte sodann nach unserem Lager
zurück. Der Schich von Agermi und andere Vornehme
des Ortes erwarteten mich, damit ich mit ihnen käme,
um Nachts auf der Burg zu schlafen. Auf meine Antwort, ich zöge es vor, in meinem Zelte zu schlafen (schon
der Reinlichkeit halber, da die Siuahner, weil in der
Wüste allerdings ohne Flöhe, aber keineswegs ohne sonstiges Ungeziefer sind), sagten sie, es sei gefährlich, die
Lifaya würden kommen, um mich zu ermorden, und die
Schuld würde dann auf sie zurückfallen. Aber auch
dies konnte mich nicht bewegen, ich erwiederte einfach,
ich könne nicht glauben, dass, da ich so lange Gast der
Lifaya gewesen, diese schliesslich ihren Gast ermorden
würden.

Als die Agermi-Bewohner so sahen, dass nichts aus-
zurichten war, beschlossen sie eine starke Wache bei
meinem Zelte zu stellen. Vorher jedoch kam eine grosse
Diffa (Gastmahl) von Schich Mohammed Djari, die um
so mehr Hülle und Fülle hatte, als es galt, mit einem
Schlage die Gastfreundschaft der Siuahner auszustechen
und zwar in ihrer Gegenwart, denn eine Menge Leute
vom ersten Orte wollten auch noch die letzte Nacht in
unserer Nähe verbringen. So war denn auch an Schlafen
nicht zu denken, die Wache, die vielen Freiwilligen hat-

ten so viel zu plaudern, zu singen und zu scherzen, dass
auch wir fast die ganze Nacht an der Seite eines kleinen glimmenden Feuers zubrachten, welches nicht dazu
diente, die Kälte zu vermindern, denn es war eine der
schönsten Sommernächte, sondern um den Taback für
die Raucher anzuzünden, und um von Zeit zu Zeit eine
Tasse Kaffee zu kochen, womit ich die Ammonier
tractirte.

Mit anbrechendem Morgen ging es dann fort, alle
Bewohner riefen uns ihr Lebewohl nach und nur noch
von Einzelnen begleitet, waren wir denn bald aus den
eigentlichen Gärten dieser reizenden Oase heraus. Der
Weg [1]) bot am ganzen Tage nichts irgend Bemerkens-
werthes; wir sahen die Rinderheerde der Oasenbewohner
ohne Hirten in einem Sebcha, wo etwas Grün war, wei-
den, und fragten uns, wozu solche erbärmliche Thiere
nützen dürften, und lagerten Abends nach einem ziemlich anstrengenden Marsche südlich vom Plateau.

---

[1]) Am 12. Mai, Aufbruch 5 Uhr, 1 Stunde in nordöstl. Richt.
dann auf den Berg Temsdega-Erköb in 60° R. und nach 2 Stunden
von hier auf Muley Yus in östl. Richt. Im Süden von Temsdega-
Erköb und Muley Yus der Berg Tlaklibt. Südlich von Tlaklibt liegt
2 Stunden entfernt Dj. und Ain-Haderdid. Von hier in 60° Richt.
weiter nach 1¹/₂ Stunden den vom Plateau kommenden u. Elketof,
dann nach 1 Stunde den vom Plateau kommenden u. Ethel, die beide
nach Südosten gehen, passirt. Sodann überschreitet man ein 1¹/₂ St.
breites Blatt des Plateaus, das in die Niederung reicht, und nach
einer halben Stunde Lager im u. Mohemen.

Dieser Lagerplatz im u. Mohemen gelegen, befand sich gewissermaassen am oberen Kopfende des Uadi, das nach der Oase Lebak führt, welche südlich von Siuah gelegen, jedoch unbewohnt ist. In der Entfernung sahen wir Palmen, die jedoch nach Aussage unseres Führers ohne Herrn sein sollen. Die Lebaker Palmen werden von den Siuahnern eingeheimst.

Schon um 4¹/₂ Uhr brachen wir am anderen Tage in nordöstl. Richtung auf; brauchten, um aus dem Mohemen-Thale herauszukommen, noch eine Stunde, und erstiegen dann eine in die Depression hineinragende Halbinsel, deren Abhang nach N.-W. zu der Nokb el Modjabri genannt wird, der Rand ist 105 Meter hoch. Je weiter man nach Osten kommt (die ersten 4 Stunden in N.-O., die letzten 5 in östl. Richtung), desto mehr hebt sich der Boden der Halbinsel, so dass Abends an unserem Lagerplatze des Aneroid 137 Meter zeigt. Da, wo wir lagerten, mündet auch ein ziemlich betretener von Lebak nach Um sserir führender Weg ein. Am folgenden Tage erreichten wir im Nokb el abiod nach einem zweistündigen Marsche in nordöstl. Richtung den höchsten Punkt der Halbinsel, kamen dann immer in selber Richtung bleibend herab, entstiegen einem zweiten Absatz, nokb el hamar genannt, und ein dritter Absatz brachte uns in die Hattieh der Oase Um sserir.

Dies kleine Eiland liegt unmittelbar südlich vom libyschen Plateau. Wir fanden auch hier eine überaus freundliche Aufnahme, schlugen aber ebenfalls aus, auf dem Orte selbst zu wohnen, sondern schlugen unser Zelt unter den Palmen auf. Um sserir oder auch Gara genannt, liegt wie Agermi auf einem Felsblocke. Im Ganzen werden höchstens 300 Einwohner hier sein, alle sahen sehr dürftig aus. Der Ort selbst hat heute durchaus keine Ueberbleibsel von alten Bauten, obschon nicht bezweifelt werden kann, dass auch die Alten hier eine Ansiedelung hatten. Einige alte römische Münzen aus der Zeit der Kaiser, die ich hier sammeln konnte, bestätigen dies. Die Oase selbst ist ebenso wasserreich im Verhältnisse, wie die des Ammon, aber nur eine Quelle Um sserir el gotara enthält trinkbares Wasser, alles andere ist brakisch. Die Bewohner scheinen sehr faul zu sein, und ihr Dasein mit Lakbitrinken zu verbringen. Von hier führt ein näherer Weg als von Siuah nach der südlich von Um sserir gelegenen, unbewohnten Oase Dorha. Nach den übereinstimmenden Aussagen der Bewohner von Um sserir bietet diese Oertlichkeit keine Ruinen oder Spuren ehemaliger Besiedlung, die phantasiereichen Aussagen der Bewohner Siuahs gegen Hamilton und mich beruhen daher wohl auf Unwahrheiten; alles Merkwürdige soll sich auf einige sonderbar geformte Felsblöcke beziehen.

Wir setzten daher unseren Weg fort und machten am Aufbruchstage 11 Stunden in 80° Richtung. Es ist ein Irrthum, wenn auf den Karten verschiedene Wege verzeichnet sind, es ist hier nur Ein Weg, südlich vom Plateau, und dass der Reisende in der Sahara nicht reisen kann, wie er will, ist eine bekannte Thatsache, er muss immer dem Karawanenwege folgen. Die Depression wird nun gegen Osten hin merklich tiefer, und erreicht wahrscheinlich in den Natronseen den tiefsten Punkt; die Gegend ist sonst vollkommne Sserir. Man passirt den Bir bel Geradi mit stark purgirendem Wasser, und erreicht dann die Brunnen Mkemen und Morhara, die beide ausgezeichnetes Wasser haben. Hier stiessen wir wieder auf eine grosse von Kairo kommende Karawane.

Hier trennt sich denn auch der Weg nach dem Meere und Alexandrien von dem nach Kairo; da unser Führer von Djalo behauptete den Weg nach Alexandrien nicht zu kennen, so übernahm ich selbst von Morhara die Führerschaft und nun ging es in nordöstl. Richtung dem Plateau entgegen. Nach 4 Stunden war dies denn auch erreicht und wir somit aus der libyschen Wüste heraus. Zwei andere Tage brachten uns über die krautreiche Hochebene, wo uns rechts und links der Anblick weidender Schafheerden erfreute, nach dem Bir Hamman und der darauf folgende Tag ans Mittelmeer selbst.

An der Küste entlang ziehend, erreichten wir denn Alexandrien, vierzehn Tage nachdem wir von Agermi. der alten Akropolis des Ammonium aufgebrochen waren.

1869 Januar	Aufenthaltsörter v.S.A.	9	3	n.S.U. v.S.A
7	Tripolis			775
8	do.			774
9	do.			767
10	do.			765
11	do.			766
12	do.			768
13	do.			766
14	do.			766
15	do.			765
16	do.			764
17	do.			762
18	do.			762
19	do.			765
20	do.			763
21	do.			760
22	do.			764
23	do.			760
24	do.			761
25	do.			
26	do.			
27	do.			
28	do.			
29	do.			
30	do.			

Himmel			Anmerkungen
9	3	n. S. U.	
Haufen-Wolken	Regen	Haufen-Wolken	
Haufen-Wolken	Haufen-Wolken	Haufen-Wolken	Die ganze Nacht starker Regen.
Regen	Haufen-Wolken	Rein	
Regen	Regen	Regen	
Regen	Regen	Bedeckt	Abends 9 Uhr Ende der Regen und Gewitter.
Haufen-Wolken	Haufen-Wolken	Haufen-Wolken	
Schleier	Schleier	Schleier	
Schleier	Schleier	Schleier	
Bedeckt	Bedeckt	Regen	Die ganze Nacht Regen.
Regen	Regen	Regen	
Regen	Regen	Regen	
Regen	Regen	Regen	
Bedeckt	Haufen-Wolken	Rein	
Regen	Regen	Regen	
Bedeckt	Wolken-bruch	Regen	Um Mitternacht Wolkenbruch mit Hagel.
Haufen-Wolken	Haufen-Wolken	Rein	
Rein	Rein	Rein	
Regen			

rkunft		Windes-		St	Anmerkungen
9	3	n.S.U.	v.S.A.	9	
W	W	N	1	✕	
v	N	N	✕	✕	
W	N	N	✕	✕	
<	N	N	✕	✕	
W	NW	N	✕	1	
W	W	✕	✕	✕	
V	W	✕	✕	✕	Zwischen 5 bis 7 Uhr Nachmittags sehr wolkig um 2 W.-Wind.
V	N	N	✕	Hau. Wol.	
W	NW	NW	1	1	
r	W	W	✕	✕	
N	W	W	1	✕	
N	W	W	2	2	
N	W	W	✕	1	
N	NW	NW	✕	✕	
N	NW	NW	1	1	
N	W	NW	1	2	
W	W	1	2		
S	S	1	2		
SSO	SO	2	2		

Himmel			Anmerkungen
9	3	n. S. U.	
Rein	Rein	Rein	
Rein	Rein	Rein	
Haufen-Wolken	Haufen-Wolken	Haufen-Wolken	
Haufen-Wolken	Haufen-Wolken	Haufen-Wolken	
Haufen-Wolken	Haufen-Wolken	Haufen-Wolken	
Haufen-Wolken	Haufen-Wolken	Haufen-Wolken	
Regen	Regen	Bedeckt	
Regen u. Bedeckt	Bedeckt u. Regen	Rein	
Rein	Rein	Staubig	
Regen	Haufen-Wolken	Regen	
Bedeckt u. Regen	Bedeckt u. Regen	Bedeckt u. Regen	
Regen	Abwechs. Regen	Regen	
Rein	Rein	Rein	
Rein	Haufen-Wolken	Rein	
Rein	Rein	Rein	Der Sturm fing Nachts um 12 Uhr an.
Staubig	Staubig	Bedeckt	
Bedeckt	Bedeckt u. etw. Regen	Bedeckt	
Schleier	Schleier	Schleier	Nachts 12 Uhr starkes Gewitter und Regen.
Volkig u. Schleier	Gewitter u. Regen	Rein	
Haufen-Wolken	Haufen-Wolken	Rein	
Rein	Rein	Rein	In der Sonne 21. Battusstrasse, etwas höher als die Apolloquelle.
Schmutzig	Haufen-Wolken	Haufen-Wolken	
Regen	Regen	Regen	

1869 April	Aufenthaltsörter				
	v. S. A.	9	3	n. S. U.	v. S. A.
10	Thuil	Weg	BirRessam	Gor-n-Nus	762
11	Gor-n-Nus	Weg	Weg	Meschtè-ret	773
12	Muschté-ret	Weg	Weg	Audjila	769
13		Audjila			767
14		do.			767
15	Audjila		Weg	Djalo	765
16		Djalo			763
17	Djalo	Weg	uadi		763
18		uadi			757
19		do.			756
20		do.			756
21		do.			763
22		do.			763
23		do.			765
24		do.			763
25	uadi		Weg	Msuan	760
26	Msuan			Ismael	758
27	Ismael			Gerdobia	758
28					760
29					759
30					758
Mai					
1	Tarfaya			Bu Allua	760
2	Bu Allua			Hoësa	763

	Himmel			Anmerkungen
	9	3	n. S. U.	
	Rein	Rein	Rein	
	Rein	Rein	Rein	
	Rein	Rein	Rein	
	Rein	Rein	Rein	
	Rein	Rein	Rein	
	Rein	Rein	Rein	
	Rein	Rein	Rein	
	Schmutzig	Schmutzig	Rein	
ig	Alles Staub		Schmutz	[1]) Um 12 Uhr Orkan S aus SSW, Alles Staubmeer.
ig	Alles Ein Staubmeer			[2]) Um 12 Uhr Orkan S aus SSO, Alles Staubmeer.
ig	Wolkig oben und Staub unten		Rein	[3]) Mit untergehendem Monde ging der Wind Nachts 12 Uhr nach NW um.
	Rein	Haufen-Wolken	Rein	[4]) Um 5 Uhr Abends war heiterer Himmel, das Aneroid stieg von Mittag
	Rein	Einige Hf.-Wolk.	Rein	an, denn die Fluth um 9 Uhr ist nicht zu zählen.
	Rein	Rein	Rein	[5]) Um 1 Uhr Morgens fiel der Wind
	Rein	Feder-Wolken	Rein	gänzlich.
	Rein	Rein	Rein	[6]) Um 11 Uhr Vormittags war das Aneroid 768.
	Rein	Rein	Rein	[7]) Mittags hatte es gethauet.
	Rein	Rein	Rein	
	Flocken-Wolken	Flocken-Wolken	Rein	
:	Rein	Schleier	Rein	
ig	Staub	Staub	Bedeckt	
l	Schleier	Schleier	Rein	
r	Staub Bedeckt	Staub Bedeckt	Staub	[8]) Bei Mondesaufgang heftige Windstösse aus S, vor und nach absol. Windstille.

O.

S.

W.

N.

Eine Wegstunde

Garten und Palmen Land

Sebcha (Salzboden) mit Agul durchwachsen

o Ort

ð Ruine

Quelle

W ü s t e n   P l a t e a u

L i b y s c h e s

Dj. Mulei Yus

Meloas

Dj. Ndeler

Dj. Deheba

Ageemi
Tempel

Dj. Mula

Siebdag

Sywah

Menchan

Sonnenquell od.
Ain el Hammam

Hesidch

Dj. Brik

Meinterdate

Dj. Sid Hammed

Dj.

Tule

Dj. Amelal

Mosque

Ain Amba

Bab el medina

Madra

Dj. Djari

Bled el Rum

Amudeu

Dj. Tassili

Versteinertes Holz aus der Ammon's Oase.

Asteri   .   Jupiter · Ammon .

IV

I Ostracit, II. Salz, III. Chalcedonrohre u IV versteinerte Muschelarten
der Ammon's Oase.